受験は三省堂

2024 ケータイ 管理業務主任者

学習初日から試験当日まで

友次正浩 著

三省堂

はしがき

管理業務主任者試験は、合格率約20％の試験です。この試験の難しさは、試験範囲の広さにあります。民法・区分所有法等の法令から、会計・設備の知識まで、幅広い範囲から出題されます。「100の曖昧な知識よりも10の正確な知識のほうが得点に結びつく」とよく言われますが、その10の知識の習得に特化している書籍は、ほぼ存在しないというのが現状です。

そこで本書は、合格に本当に必要な知識を絞り込み、繰り返し学習できるようにしました。勉強していると、以前の学習内容を忘れてしまうことはよくあります。それを防ぐためには、とにかく繰り返しです。本書はページ数も少ないので、何度も繰り返して学習することができます。まず左ページで基礎知識を短時間で覚え、それをそのまま右ページの問題で確認してください。本書はスキマ時間を有効活用できるように工夫もされています。10分あれば1講は学習できます。持ち運びにも便利なサイズですので、常に「ケータイ」して学習してください。

マンション管理士試験とダブル受験するという方は、ぜひ姉妹書である『ケータイマンション管理士』を併せてご利用ください。課の構成が似ているので効率的な学習が可能である上、それぞれの試験傾向の違いに合わせて内容の深浅を綿密に調整しています。また、○×問題は9割以上異なっていますので、知識の増強にも打ってつけです。

本書の刊行にあたり、三省堂六法・法律書編集室の加賀谷雅人氏に多大なご尽力を賜りました。心よりお礼申し上げます。

著者　友次正浩

この本の使い方

この本は、左ページに必須知識のまとめ、右ページには実際に出た過去問題と予想問題を○×形式にして登載した、見開き完結型の実践テキストです。

テーマは、合格に必須の最小限に厳選！
1日10テーマなら約2週間で回せる!!

1 専有部分と共用部分

必ず出る！基礎知識 目標6分で覚えよう

必須知識を2～3行の箇条書き方式で！

頭の整理に役立つ小項目主義！

1 専有部分の範囲

①区分所有権の対象となる専有部分は、住戸番号を付した住戸である。

②天井・床・壁は、躯体部分を除く部分（上塗り仕上げ部分等）が専有部分となる。

③玄関扉は、錠及び内部塗装部分が専有部分となる。

④窓枠や窓ガラスは、専有部分に含まれず、共用部分となる。

⑤専有部分の専用に供される設備のうち、共用部分にある部分以外のものは、専有部分となる。

暗記シートで消せる！

2 共用部分の範囲

⑥パイプスペースは、専有部分に属しない建物の部分である。

⑦メーターボックスは、専有部分に属しない建物の部分である。ただし、メーターボックス内の給湯器ボイラーは、専有部分である。

⑧給水管については、本管から各住戸メーターを含む部分までが共用部分である。

⑨雑排水管及び汚水管については、配管継手及び立て管が共用部分である。

⑩インターネット通信設備及び集合郵便受箱は、専有部分に属しない建物の附属物に該当し、共用部分である。

注意点には傍点！

• 82 •

基礎知識の暗記なくして、法律の理解はあり得ません。左ページをサッと読んだら、すぐに右ページの○×問題に取り組んでください。この繰り返しがあなたを合格に導きます。

学習日とそのときの正答数が4回分書き込める！

1テーマの学習時間は左右合計10分を目標にしよう！

DATE & RECORD

学習日	月　日	月　日	月　日	月　日
正答数	／9	／9	／9	／9

過去問＋予想問！ 目標4分で答えよう

3編 専有部分と共用部分

対応する左ページの要点番号を明示

過去問を選択肢単位に分解し、覚えやすい○×問題に！

☐☐☐ 区分所有権の対象となる専有部分は、住戸番号を付した住戸である。〔予想問〕 ☞①答○

☐☐☐ 天井、床及び壁は、躯体の中心線から内側が専有部分である。〔H30-38-ア〕 ☞②答×

☐☐☐ 玄関扉は、錠及び内部塗装部分のみが専有部分である。〔H30-38-イ〕 ☞③答○

☐☐☐ 窓枠は専有部分に含まれないが、窓ガラスは専有部分である。〔H30-38-ウ〕 ☞④答×

☐☐☐ パイプスペースは専有部分に属しない建物の部分に該当し、法定共用部分である。〔予想問〕 ☞⑥答○

☐☐☐ メーターボックス内の給湯器ボイラー設備は、共用部分である。〔H28-32-ア〕 ☞⑦答×

☐☐☐ 各住戸の水道メーターは、専有部分である。〔H28-32-ウ〕 ☞⑧答×

☐☐☐ 雑排水管の配管継手は、共用部分である。〔R01-29-イ〕 ☞⑨答○

☐☐☐ インターネット通信設備は、専有部分に属しない建物の附属物に該当し、共用部分の範囲に属する。〔R01-29-ア〕 ☞⑩答○

ベースにした過去問の出題年度と問題番号を明示

誤りの部分は下線で明示！

ケータイ管理業務主任者 2024／目次

第1編　民　法　等

第2編　区分所有法等

第3編　マンション標準管理規約

第４編　その他法令

第５編　実務・会計

第6編　建築・設備

第7編　建築関連法規

第8編　免除科目

第1編

民　法　等

1 意思表示

必ず出る！基礎知識　目標6分で覚えよう

1 詐欺・強迫

①詐欺による意思表示は、取り消すことができる。本人の過失は問わない。

②詐欺による取消しは、善意無過失の第三者に対抗できない。

③強迫による意思表示は、取り消すことができる。本人の過失は問わない。

④強迫による取消しは、第三者の善意・悪意を問わず、対抗できる。

2 虚偽表示（仮装譲渡）

⑤虚偽表示による契約は、無効である。

⑥虚偽表示による無効は、善意の第三者に対抗できない。

3 錯　誤

⑦法律行為の目的や社会通念に照らして重要な錯誤による意思表示は、取り消すことができる。

⑧表意者に重過失がある場合には、取り消すことができない。

⑨動機の錯誤では、原則として取り消すことができない。しかし、その動機が表示された場合には、取り消すことができる。

⑩錯誤による取消しは、善意無過失の第三者に対抗できない。

4 心裡留保

⑪心裡留保による意思表示は、原則として有効である。

⑫心裡留保による意思表示は、相手方が悪意または善意有過失であった場合には、無効となる。

5 公序良俗に反する契約

⑬公序良俗に反する契約は、無効である。

DATE & RECORD

学習日	月　日	月　日	月　日	月　日
正答数	／5	／5	／5	／5

過去問＋予想問！ 目標4分で答えよう

□□□ Aが、Bの詐欺を理由として売買契約を取り消した場合に、Aの取消し前に、Bが、その事情を知らず、かつその事情を知らないことについて過失のある第三者Dに甲を転売していたときは、Aは、Dに対して取消しの効果を主張することができない。[R3-1-3]

☞②答×

□□□ Aが、Bの強迫を理由として売買契約を取り消した場合に、Aの取消し前に、Bが、その事情を知らず、かつその事情を知らないことについて過失のない第三者Eに甲を転売していたときは、Aは、Eに対して取消しの効果を主張することができない。[R3-1-4]

☞④答×

□□□ AB間の契約の締結に当たり、AB間で通謀虚偽表示があった場合には、AB間の契約は無効であり、この無効は善意の第三者に対抗することができる。[H17-2-2]

☞⑤⑥答×

□□□ Aが、所有権を移転する意思がないにもかかわらず、Bと売買契約を締結した場合に、Bがその真意を知り、又は知ることができたときは、Aは、Bに対して当該契約の無効を主張することができる。[R3-1-1]

☞⑪⑫答○

□□□ 公序良俗に反する事項を目的とする法律行為は、無効である。[H15-2-ア]

☞⑬答○

2 制限行為能力者

必ず出る！基礎知識 目標6分で覚えよう

1 意思無能力者

①意思無能力者のした契約は、無効である。

2 制限行為能力者

②制限行為能力者が単独でした行為は、取り消すことができる。

③制限行為能力者が行為能力者であると信じさせるために詐術(さじゅつ)を用いた場合には、取り消すことができない。

④制限行為能力を理由とする取消しは、第三者の善意・悪意を問わず対抗できる。

⑤制限行為能力者と契約した相手方は、保護者や行為能力者となった本人に対して催告ができる。確答のない場合には、追認したものとみなされる。

⑥制限行為能力者とした契約の相手方は、被保佐人・被補助人に対して直接催告ができる。確答のない場合には、取り消したものとみなされる。

3 未成年者

⑦未成年者とは、18歳未満の者である。

⑧法定代理人の同意を得た行為は､取り消すことができない。

4 成年被後見人

⑨成年被後見人の行為は、成年後見人の同意を得た行為であっても、取り消すことができる。

⑩成年被後見人が居住している建物の売買・貸借・抵当権設定契約をする際には、家庭裁判所の許可が必要である。

DATE & RECORD

学習日	月　日	月　日	月　日	月　日
正答数	／6	／6	／6	／6

過去問＋予想問！ 目標4分で答えよう

❑❑❑ 意思無能力者のした契約は、取り消すことができる。
[予想問] ☞①答×

❑❑❑ 被補助人が、補助人の同意を得なければならない行為について、同意を得ていないにもかかわらず、詐術を用いて相手方に補助人の同意を得たと信じさせていたときは、被補助人は当該行為を取り消すことができない。[予想問] ☞③答○

❑❑❑ 被保佐人が、保佐人の同意を得ることなく甲を売却した場合、相手方が被保佐人に対し、1か月以上の期間を定めて、保佐人の追認を得るべき旨の催告をしたときは、相手方がその期間内に追認を得た旨の通知を受けなくても、その行為を保佐人が追認したものとみなされる。[H28-1-ウ] ☞⑥答×

❑❑❑ 未成年者が、マンションの専有部分をその区分所有者から賃借した場合は、法定代理人の同意を得ているか否かにかかわらず、当該賃貸借契約を取り消すことができる。[H23-5-3] ☞⑧答×

❑❑❑ 成年被後見人が、成年後見人の同意を得て行ったマンションの賃貸借契約は、取り消すことができない。
[H23-5-1] ☞⑨答×

❑❑❑ 成年後見人が、成年被後見人に代わって、成年被後見人が所有する居住の用に供するマンションの専有部分について抵当権を設定する場合には、家庭裁判所の許可を得なければならない。[H23-5-2] ☞⑩答○

3 時　効

必ず出る！基礎知識　目標6分で覚えよう

1 取得時効

①所有の意思を持って、平穏かつ公然に、物の占有を継続することで、所有権の取得時効が完成する。占有開始時に善意無過失であれば10年間、それ以外なら20年間で完成する。

2 消滅時効

②権利を行使できることを知った時から5年、もしくは権利を行使できる時から10年を経過することで、消滅時効が完成する。

③所有権は、消滅時効にかからない。

④期限付債務の場合、期限到来時から消滅時効が進行する。

⑤停止条件付債務の場合、条件が成就した時から消滅時効が進行する。

3 時効の完成猶予と更新

⑥請求（例裁判上の請求）をすることにより、まずは時効の完成猶予が生じ、その後に勝訴すれば、時効が更新される。

⑦承認（例一部弁済・支払猶予の申入れ）をすることによって、時効が更新される。

⑧裁判外での催告（例郵便による督促）をした場合、6か月間の時効の完成猶予が生じる。

4 時効の援用と放棄

⑨時効の効果は、起算日にさかのぼる。

⑩時効の利益の放棄は、時効の完成前にはできない。

⑪時効成立後に債務者が承認した場合、時効の完成を知らなくても、その後に援用することはできない。

DATE & RECORD

学習日	月　日	月　日	月　日	月　日
正答数	／6	／6	／6	／6

過去問＋予想問！ 目標4分で答えよう

❑❑❑ 管理組合から請け負った工事に関する施工業者の報酬請求権は、債権者が権利を行使することができることを知った時から３年間行使しないときは消滅する。[H28-3-3] ☞②答×

❑❑❑ 債権者が、債務者に対して金銭の支払を求めて訴えを提起した場合に、確定判決によって権利が確定したときは、時効が更新される。[R4-2-3] ☞⑥答○

❑❑❑ マンションの管理組合が、区分所有者に対して有する管理費に係る債権の消滅時効の更新に関して、滞納している区分所有者が、管理組合あてに滞納している事実を認める書面を提出したときは、時効が更新する。[H25-10-1] ☞⑦答○

❑❑❑ 管理組合が、管理費を滞納している区分所有者に対し、滞納管理費の支払を普通郵便により催告しても、時効の完成猶予の効力は生じない。[R4-11-4] ☞⑧答×

❑❑❑ 消滅時効が完成し、時効が援用されて権利が消滅すると、その権利は最初からなかったものとされる。[R4-2-1] ☞⑨答○

❑❑❑ マンションの区分所有者全員が、「管理費債務の消滅時効の主張はしない」旨の文書をあらかじめ管理組合に提出している場合、各区分所有者は時効を主張することができない。[H27-10-2] ☞⑩答×

4 代理 (1)

必ず出る！基礎知識　目標6分で覚えよう

1 代　理

①顕名をしなかった場合、代理人自身が契約したこととなる。ただし、相手方が知っていた場合・知ることができた場合には、有効に本人に帰属する。

②代理人が詐欺・強迫された場合、本人が取り消すことができる。

③代理人が詐欺・強迫をした場合、本人の善意・悪意にかかわらず、相手方は取り消すことができる。

④制限行為能力者も、代理人になることができる。

⑤本人の死亡・代理人の死亡・代理人の破産手続開始決定・代理人の後見開始の審判により、代理権が消滅する。

⑥任意代理の場合、本人の破産手続開始決定でも、代理権は消滅する。

2 自己契約・双方代理

⑦自己契約・双方代理は、原則として無権代理となるが、あらかじめ本人の許諾があれば、有効なものとなる。

3 無権代理

⑧無権代理は、追認すると、契約時にさかのぼって有効となる。

⑨催告は、悪意でもできる。確答がない場合、追認拒絶とみなされる。

⑩相手方が善意の場合、本人が追認するまでの間は、取り消すことができる。

⑪相手方が善意無過失の場合、履行請求や損害賠償請求ができる。

DATE & RECORD

学習日	月　日	月　日	月　日	月　日
正答数	／4	／4	／4	／4

過去問＋予想問！ 目標4分で答えよう

❏❏❏ マンションの管理組合Aの管理者Bが、その職務に関し、C会社との間で取引行為をした場合、Bが、Aのためにすることを示さないでした意思表示は、Cが、BがAのためにすることを知っていたときでも、Bがした意思表示の効果はAに帰属することはない。[H27-1-1]
☞①答×

❏❏❏ マンションの管理組合Aが、マンション管理業者Bの代理人と称するCとの間で管理委託契約を締結した場合において、Bの追認は、別段の意思表示がないときは、第三者の権利を害さない範囲で本件契約の時にさかのぼってその効力を生ずる。なお、CはBから代理権を与えられていなかったものとする。
[H26-2-4]
☞⑧答○

❏❏❏ Aがマンション管理業者Bの代理人と称して、マンション甲の管理組合Cとの間で管理委託契約を締結したが、Aは代理権を有していなかった。CがBに対し、相当の期間を定めて、その期間内に本件契約を追認するかどうかを確答すべき旨の催告をしたが、当該期間内にBから確答を得られなかった場合には、Bは、追認をしたものとみなされる。[R2-5-1]
☞⑨答×

❏❏❏ Aがマンション管理業者Bの代理人と称して、マンション甲の管理組合Cとの間で管理委託契約を締結したが、Aは代理権を有していなかった。Cは、本件契約の締結時に、Aが代理権を有していないことを知らなかったときは、Bが追認しない間は、本件契約を取り消すことができる。[R2-5-2]
☞⑩答○

5 代理(2)

必ず出る！基礎知識 目標6分で覚えよう

1 表見代理

①相手方が善意無過失であり、代理人の死亡や破産などにより代理権が消滅後に締結された契約は、有効となる。

②相手方が善意無過失であり、代理人が本人の与えた代理権の範囲を超えて締結された契約は、有効となる。

③相手方が善意無過失であり、代理権があるかのような外観をもって締結された契約は、有効である。

④表見代理が成立する場合でも、相手方は、無権代理として取消権を行使することも、無権代理人に責任追及することもできる。

2 復代理

⑤法定代理人は、いつでも復代理人を選任できる。

⑥任意代理人は、本人の許諾を得た場合、またはやむを得ない事由がある場合に、復代理人を選任できる。

⑦復代理人を選任しても、代理人の代理権は消滅しない。

⑧復代理人の代理権の範囲は、代理人の代理権の範囲を超えることができない。

⑨代理人の代理権が消滅すれば、復代理人の代理権も消滅する。

3 代理と相続

⑩本人が死亡し、無権代理人が単独で相続した場合、その代理行為は有効に成立する。

⑪無権代理人が死亡し、本人が単独で相続した場合、代理行為の追認拒絶が可能だが、無権代理人の責任を免れることはできない。

DATE & RECORD

学習日	月 日	月 日	月 日	月 日
正答数	／4	／4	／4	／4

過去問＋予想問！ 目標4分で答えよう

□□□ Aが、Bの代理人Cとの間で、B所有の甲地の売買契約を締結した場合、Bが従前Cに与えていた代理権が消滅した後であっても、Aが代理権の消滅について善意無過失であれば、当該売買契約によりAは甲地を取得することができる。[予想問] ☞①答○

□□□ Aは、Bに対し、Aが所有するマンションの1住戸甲に抵当権を設定する旨の代理権を授与していた。Bが、Cとの間で、甲の売買契約を締結した場合において、Bの無権代理行為について表見代理が成立するときでも、Cは、Aに対して表見代理の成立を主張せず、Bに対して、無権代理人としての責任を追及することができる。[H30-4-1] ☞④答○

□□□ Aは、Bに対し、Aが所有するマンションの1住戸甲に抵当権を設定する旨の代理権を授与していた。Bは、Aが復代理人の選任について拒否し、かつ、やむを得ない事由がない場合でも、自己の責任で復代理人Dを選任することができる。[H30-4-3] ☞⑥答×

□□□ Aは、所有するマンションの一住戸甲をBに売却しようと考え、Cとの間で、甲の売却についてCを代理人とする委任契約を締結した。甲の売却について、Cが、Aの許諾を得てDを復代理人に選任した場合、Cは代理権を失わず、CとDの両者がAの代理人となる。[H29-4-2] ☞⑥⑦答○

---

6 債務不履行

必ず出る！基礎知識 目標6分で覚えよう

1 債務不履行

①債務者が債務の本旨に従った履行をしないことを債務不履行という。債務不履行には、履行遅滞・履行不能・不完全履行の３つがある。

2 損害賠償請求

②債務者に帰責事由がある場合、債権者は損害賠償請求を行うことができる。

③損害賠償額をあらかじめ予定しておくことも可能である。

④違約金は、損害賠償の予定と推定される。

3 債務不履行解除

⑤履行遅滞の場合、相当の期間を定めて履行を催告し、履行がない場合に解除が可能となる。

⑥履行不能の場合、催告せず直ちに解除が可能である。

⑦債務不履行に対して、解除とは別に損害賠償請求も可能。

4 解除の効果

⑧解除の意思表示は、撤回することができない。

⑨当事者の一方が複数いる場合、契約の解除の意思表示は、その全員からまたはその全員に対してのみ、行うことができる。

5 金銭債務

⑩金銭債務は、履行不能とはならない。

⑪金銭債務については、実害の証明は不要で、利率の定めがない場合、年３％の損害賠償を請求できる。

⑫金銭債務の債務者は、不可抗力をもって抗弁とすることができない。

学習日	月　日	月　日	月　日	月　日
正答数	／5	／5	／5	／5

過去問＋予想問！ 目標4分で答えよう

❑❑❑ A管理組合とBマンション管理業者との間で管理委託契約が締結された場合に関して、Bが管理委託業務を履行期に履行しない場合には、Aは、直ちに契約を解除することができる。[H20-2-4] ☞⑤答×

❑❑❑ マンションの管理組合Aとマンション管理業者Bとの間の管理委託契約が、Aの責めに帰する事由がなく、Bの債務不履行を理由として解除された。Bの債務の全部が履行不能である場合には、それについてBの責めに帰する事由がないときでも、Aは直ちに管理委託契約を解除することができる。[R2-6-3] ☞⑥答○

❑❑❑ AとBとの間で、Aの所有する建物について売買契約が締結された場合、Aによる建物の引渡しが履行期になされないときは、Bは、売買契約の解除をしたときでも、損害賠償の請求をすることができる。[H16-5-3] ☞⑦答○

❑❑❑ マンションの管理組合Aとマンション管理業者Bとの間の管理委託契約が、Aの責めに帰する事由がなく、Bの債務不履行を理由として解除された。Aは、この解除の意思表示を撤回することができない。[R2-6-1] ☞⑧答○

❑❑❑ 管理費を滞納している区分所有者が、不可抗力により、管理費を支払うことができないときは、債務不履行に係る遅延損害金の賠償については、不可抗力をもって抗弁とすることができる。[R4-11-1] ☞⑫答×

7 売買契約（手付・弁済）

必ず出る！基礎知識　目標6分で覚えよう

1　手付解除

①手付解除は、相手が履行に着手するまで可能である。

②買主が手付解除をする場合、手付金を放棄すれば解除が可能である。

③売主が手付解除をする場合、手付金の倍額を現実に償還すれば解除が可能である。

④手付解除をした場合、相手方は、別途損害賠償請求をすることができない。

2　弁　済

⑤債権の受領権者以外の者に弁済をしても、その弁済は、原則として無効である。

⑥弁済者が受領権者としての外観を有する者に善意無過失で弁済をした場合、その弁済は有効である。

⑦債務者以外の者がした弁済も、原則として有効である。

⑧弁済をするにつき正当な利益を有しない第三者は、債務者の意思に反する弁済をすることはできない。

⑨弁済をするにつき正当な利益を有する第三者は、債務者の意思に反する弁済であっても、することができる。

⑩代物弁済をするためには、債権者の承諾が必要である。

⑪弁済をするにつき正当な利益を有する者は、弁済によって債権者に代位する。債権者の承諾は不要である。

⑫弁済をするにつき正当な利益を有しない者も、弁済によって債権者に代位する。ただし、債務者への通知または債務者の承諾が必要である。

DATE & RECORD

学習日	月　日	月　日	月　日	月　日
正答数	／3	／3	／3	／3

過去問＋予想問！ 目標4分で答えよう

❑❑❑ Ａの所有するマンションの１住戸甲をＢに売却する契約が締結され、ＡＢ間の協議により、ＢはＡに解約手付としての手付金を交付した。また、本件契約において、Ａは、契約締結の日から１か月後に代金と引換えに甲を引き渡すことが約定されていた。Ｂが本件契約の履行に着手していない場合、Ａは、Ｂに対し、本件契約を解除する旨の通知を送達すれば、本件契約を解除することができる。［H30-2-1］

☞①③答×

❑❑❑ Ａの所有するマンションの１住戸甲をＢに売却する契約が締結され、ＡＢ間の協議により、ＢはＡに解約手付としての手付金を交付した。また、本件契約において、Ａは、契約締結の日から１か月後に代金と引換えに甲を引き渡すことが約定されていた。Ａが本件契約の履行に着手していない場合、ＢがＡに対し、手付金を放棄し、本件契約を解除する旨の意思表示をしたときは、Ａは、Ｂに対して損害賠償を請求することができない。［H30-2-2］

☞④答○

❑❑❑ マンションの区分所有者Ａが、その専有部分をＢに賃貸している場合、第三者であるＣがＢの賃料を支払うことについて、Ｂが反対の意思を表示したときは、たとえＣがＢとの間に正当な利益を有していても、Ｃは、Ｂに代わって賃料を支払うことはできない。［H27-4-1］

☞⑨答×

---

8 契約不適合

必ず出る！基礎知識 目標6分で覚えよう

1 売主への責任追及

①引き渡された目的物の種類・品質・数量が契約の内容に適合しないものであるとき、買主は、売主に対して担保責任を追及できる。この場合の担保責任の例としては、目的物の修補・代替物の引渡し・履行の追完・代金減額請求・損害賠償請求・契約の解除などがあげられる。

②売主が買主に移転した権利が契約の内容に適合しないものであるとき、買主は、売主に対して担保責任を追及できる。この場合の担保責任の例としては、履行の追完・代金減額請求・損害賠償請求・契約解除などがあげられる。

③代金減額請求は、原則として、相当の期間を定めて追完をするように催告し、その期間内に追完がない場合のみ行うことができる。

2 期　間

④目的物の種類・品質に対する契約不適合の場合、知った時から1年以内に通知しないときは追及する権利を失う。また、消滅時効により追及する権利を行使できなくなる。

⑤目的物の数量に対する契約不適合及び権利に関する契約不適合の場合、消滅時効により追及する権利を行使できなくなる。

3 担保責任を負わない特約

⑥担保責任を負わない特約も有効だが、知りながら告げなかった場合には、その責任を免れることができない。

Date & Record

学習日	月　日	月　日	月　日	月　日
正答数	／4	／4	／4	／4

過去問＋予想問！ 目標4分で答えよう

❑❑❑ ＡとＢが甲建物の売買契約を締結した。ＡがＢに引き渡した甲建物が、契約の内容に適合しないものであった場合、ＢはＡに対して追完請求をすることができる。なお、ＡにもＢにも契約の不適合についての帰責事由はないものとする。［予想問］ ☞①②答○

❑❑❑ 契約不適合による代金減額請求は、原則として、売主に対して相当の期間を定めて追完請求をした後でなければすることができない。［予想問］ ☞③答○

❑❑❑ Ａが、ＢからＢ所有の中古建物を購入し引渡しを受けたが、建物の主要構造部に欠陥があり、当該建物は契約内容に適合しないものであった。Ａが、この契約不適合を知らないまま契約を締結した場合、契約締結から１年以内にその旨をＢに通知しなければ、原則として、ＡはＢに対して契約不適合責任を追及することができなくなる。［予想問］ ☞④答×

❑❑❑ 売買契約に、契約不適合責任を負わない旨の特約が規定されていても、売主が知りながら買主に告げなかった事実については、売主は契約不適合責任を負わなければならない。［予想問］ ☞⑥答○

物権変動

必ず出る！基礎知識　目標6分で覚えよう

1 所有権の取得

①不動産に関する所有権の取得は、原則として、登記をしなければ第三者に対抗できない。

②不動産の取得者は、売主には登記なしで対抗可。

③不動産の取得者は、売主の相続人には登記なしで対抗可。

④不動産の取得者は、不法占拠者には登記なしで対抗可。

⑤不動産の取得者は、背信的悪意者には登記なしで対抗可。

⑥不動産の取得者は、無権利者には、登記なしで対抗可。

2 二重譲渡

⑦二重譲渡した場合、どちらの契約も有効。ただし、登記がなければ相手方に対抗することはできない。

3 取消し・時効・解除と登記

⑧取消し後の第三者は、登記を備えれば、取消権者に対しても所有権の主張ができる。

⑨時効完成後の第三者は、登記を備えれば、時効完成者に対しても所有権の主張ができる。

⑩解除前の第三者も解除後の第三者も、登記があれば、解除権者に対抗することができる。

4 相続と登記

⑪共同相続の場合、相続人の１人が自己名義で単独所有である旨の登記をし、これを第三者に譲渡した場合、他の共同相続人は、自己の持分について、登記なしで第三者に対抗することができる。

DATE & RECORD

学習日	月　日	月　日	月　日	月　日
正答数	／4	／4	／4	／4

過去問＋予想問！ 目標4分で答えよう

❑❑❑ Ａが所有する土地をＢが取得した後、Ｂが移転登記をする前に、ＣがＡから登記を移転した。Ｃが背信的悪意者であった場合、ＢはＣに対抗できる。［予想問］

☞⑤答○

❑❑❑ Ａが所有する土地をＢが取得した後、Ｂが移転登記をする前に、ＣがＡから登記を移転した。Ｃが無権利者であった場合、ＢはＣに対抗できる。［予想問］

☞⑥答○

❑❑❑ 甲建物を所有するＡが、同建物をＢに売却する旨のＡＢ間の契約を締結した後に、Ａが、Ｃに甲建物を売却する旨の契約を締結し、Ｃに移転登記がなされた場合に、Ｃが、Ａとの契約の締結時に本件契約があったことについて知っていたか、過失により知らなかったときには、Ｃは、甲建物の所有権の取得をＢに主張することはできない。［H26-1-1］

☞⑦答×

❑❑❑ ＡからＢ、ＢからＣに、甲地が、順次売却され、ＡからＢに対する所有権移転登記がなされた。ＢからＣへの売却後、ＡがＡＢ間の契約を適法に解除して所有権を取り戻した場合、Ａが解除を理由にして所有権登記をＢから回復する前に、その解除につき善意のＣがＢから所有権移転登記を受けたときは、Ｃは甲地の所有権をＡに対抗できる。［予想問］

☞⑩答○

10 相 続 (1)

必ず出る！基礎知識 目標6分で覚えよう

1 相続人と相続分

①配偶者と子が相続人の場合、相続分は、配偶者が2分の1、子が2分の1である。

②配偶者と直系尊属が相続人の場合、相続分は、配偶者が3分の2、直系尊属が3分の1である。

③配偶者と兄弟姉妹が相続人の場合、相続分は、配偶者が4分の3、兄弟姉妹が4分の1である。

2 代襲相続

④子が被相続人の死亡以前に死んでいた場合、欠格者である場合、廃除された場合には、孫が子に代わって相続する。

⑤相続放棄をした場合、代襲相続をすることはできない。

3 相続の承認と放棄

⑥限定承認は、共同相続人の全員が共同してのみすることができる。

⑦相続放棄をした場合、最初から相続人ではなかったこととなる。

⑧承認・放棄は、相続開始を知った時から3か月以内にしなければならない。期間内に承認・放棄をしない場合、単純承認とみなされる。

⑨限定承認・相続放棄は、家庭裁判所に申述しなければならない。

⑩相続開始前の相続放棄は認められない。

DATE & RECORD

学習日	月　日	月　日	月　日	月　日
正答数	／5	／5	／5	／5

過去問＋予想問！ 目標4分で答えよう

❏❏❏ Aには配偶者B、子C、直系尊属の父Dのみがいる。Aが死亡する前に、Cが交通事故で死亡していた場合には、Bの相続分は2分の1である。[R2-1-3]

☞②答×

❏❏❏ Aが死亡した際、兄Bと父Cがいた。配偶者DはAの死亡時にすでに死亡していた。AとDの間には実子E・F・Gがいる。この場合、法定相続分は、Eが3分の1、Fが3分の1、Gが3分の1である。[予想問]

☞①答○

❏❏❏ マンションを区分所有しているAが死亡し、その相続人が配偶者Bと子C、Dの3人である場合、Dが廃除によってその相続権を失ったときは、Dの子がDを代襲してAの相続人となる。[H18-5-2] ☞④答○

❏❏❏ Aが死亡しAの子Bが相続放棄をした場合は、Bの子でAの直系卑属であるCが、Bに代わって相続人となる。[R4-5-ア]

☞⑤答×

❏❏❏ マンションを区分所有しているAが死亡し、その相続人が配偶者Bと子C、Dの3人である場合、B、C、Dは、自己のために相続の開始があったことを知った時から3か月以内に、相続について、単純もしくは限定の承認または放棄をしなければならず、この期間内に限定承認または放棄をしなかった場合には、単純承認したものとみなされる。[H18-5-3] ☞⑧答○

---

11 相続 (2)

必ず出る！基礎知識 目標6分で覚えよう

1 遺言

①遺言は、自筆証書遺言・公正証書遺言・秘密証書遺言など、法律上定められた方式に従って行わなければならない。

②遺言は、満15歳以上であれば、単独で行うことができる。

③遺言は、2人以上の者が同一の証書ですることができない。

④遺言は、いつでも自由に撤回できる。

⑤前の遺言と後の遺言とが抵触する部分については、後の遺言により前の遺言を撤回したものとみなされる。

⑥前にした遺言と異なる処分をした場合、遺言を撤回したものとみなされる。

⑦検認がなくても、遺言書は無効にはならない。

2 遺留分

⑧遺留分を侵害する遺言は、有効である。

⑨遺留分は、被相続人の財産の2分の1である。ただし、直系尊属のみが相続人である場合は、被相続人の財産の3分の1である。

⑩兄弟姉妹には、遺留分がない。

⑪相続開始前に遺留分の放棄をするには、家庭裁判所の許可が必要である。

⑫遺留分侵害額の請求は、訴えによらなくてもできる。

DATE & RECORD

学習日	月　日	月　日	月　日	月　日
正答数	／7	／7	／7	／7

過去問＋予想問！ 目標4分で答えよう

❑❑❑ 未成年であっても、15歳に達した者は、有効に遺言をすることができる。［予想問］ ☞②答○

❑❑❑ Ａの配偶者であるＢは、Ａと同一の証書で有効に遺言をすることができる。［予想問］ ☞③答×

❑❑❑ Ａが公正証書で土地をＢに遺贈すると遺言した場合でも、後に自筆証書でこれをＣに遺贈すると遺言したときは、Ｂは、Ａが死亡しても当該土地の所有権を取得しない。［予想問］ ☞⑤答○

❑❑❑ Ａが公正証書で「Ａの甲土地をＢに相続させる」と遺言をした場合でも、その後、Ａが甲土地を第三者Ｃに売却して登記を移転したときは、Ｂは、Ａが死亡しても当該土地の所有権を取得しない。［予想問］ ☞⑥答○

❑❑❑ 自筆証書遺言を保管している者が、相続の開始後、これを家庭裁判所に提出してその検認を経ることを怠り、そのままその遺言が執行された。この遺言は無効である。［予想問］ ☞⑦答×

❑❑❑ 被相続人Ａの配偶者Ｂと、子Ｃのみが相続人であり、Ａが他人Ｄに遺産全部を遺贈すると遺言した場合、当該遺言は遺留分を侵害するものとして無効となる。［予想問］ ☞⑧答×

❑❑❑ 被相続人Ａの配偶者Ｂと、Ａの弟Ｃのみが相続人であり、Ａが他人Ｄに遺産全部を遺贈したとき、弟Ｃの遺留分は遺産の８分の１である。［予想問］ ☞⑩答×

12 抵当権(1)

必ず出る！基礎知識 目標6分で覚えよう

1 抵当権の性質

①賃借権に抵当権を付けることはできない。

②抵当権設定者は、目的物を自由に使用・収益・処分することができる。

③抵当権設定者が通常の利用方法を逸脱し目的物を損傷するような場合、抵当権者は妨害排除請求ができる。

④被担保債権が成立しなければ抵当権は成立せず、被担保債権が消滅すれば抵当権も消滅する。これを付従性という。

⑤被担保債権が移転すると、抵当権も移転する。これを随伴性という。

2 抵当権の効力

⑥土地と建物は別々の不動産であるから、土地に抵当権を設定しても、その効力は土地上の建物に及ばない。

⑦抵当権の効力は、その不動産と一体になったもの（付加一体物）にも及ぶ。

⑧抵当権の効力は、抵当権設定時に存在した従物にも及ぶ。

⑨抵当権の効力は、果実には及ばない。ただし、抵当権の被担保債権について不履行があった場合、その後に生じた果実にも抵当権の効力が及ぶ。

⑩利息については、後順位抵当権者がいる場合、満期の来た最後の2年分についてのみ優先的に弁済を受けることができる。

DATE & RECORD

学習日	月　日	月　日	月　日	月　日
正答数	／5	／5	／5	／5

過去問＋予想問！ 目標4分で答えよう

❑❑❑ AのBに対する債務について、Aの所有地にBの抵当権を設定し、その登記をした。Aは、その土地をCに譲渡する際には、Bの許可を得なければならない。［予想問］ ☞②答×

❑❑❑ AがBに対する債務の担保のため、A所有の土地に抵当権を設定した。AのBに対する債務が時効により消滅した場合でも、抵当権が時効により消滅していなければ、Aは、Bに対して抵当権の消滅を主張することができない。［予想問］ ☞④答×

❑❑❑ Aが区分所有するマンションの専有部分について、Bのために抵当権が設定され、その旨の登記がなされた。Bが、抵当権の被担保債権であるAに対する債権をDに譲渡した場合において、Dは、Bの有していた抵当権を取得する。［H17-3-4］ ☞⑤答○

❑❑❑ 甲土地を所有するAが、B銀行から融資を受けるに当たり、甲土地にBのために抵当権を設定した。抵当権設定当時、甲土地上にA所有の建物があった場合には、当該抵当権の効力は当該建物にも及ぶ。［R4-4-1］ ☞⑥答×

❑❑❑ AがBに対する債務の担保のためにA所有建物に抵当権を設定し、登記をした。他に後順位抵当権者その他の利害関係者がいない場合であっても、Bは、Aに対し、満期の到来した最後の2年分を超える利息については抵当権を実行することができない。［予想問］ ☞⑩答×

13 抵当権(2)

必ず出る！基礎知識 目標6分で覚えよう

1 物上代位

①抵当権者は、目的物の滅失等に伴って抵当権設定者が受け取るべき金銭に、物上代位をすることができる。

②物上代位をするためには、金銭が抵当権設定者に支払われる前に、抵当権者が差押えをしなければならない。

2 建物賃借人との関係

③抵当権設定後に設定された賃借権は、原則として抵当権者に対抗できない。

④建物の賃貸借の場合、6か月の明渡し猶予期間がある。

3 第三取得者との関係

⑤第三取得者の所有権と抵当権者の抵当権の優劣については、登記の先後で決めることとなる。

⑥抵当不動産の第三取得者は、第三者弁済・抵当権消滅請求・自ら競落をすることができる。

4 法定地上権

⑦抵当権設定時に土地と建物が存在し、その所有者が同一でなければ、法定地上権は成立しない。

⑧法定地上権が成立するには、抵当権の実行によって、土地と建物の所有者が別人になる必要がある。

5 一括競売

⑨更地(さらち)に抵当権を設定し、その後に建物が築造された場合、土地と建物を一括で競売することができる。

⑩抵当権者が優先的に弁済を受けることができるのは、土地の代金についてのみである。

DATE & RECORD

学習日	月　日	月　日	月　日	月　日
正答数	／4	／4	／4	／4

過去問＋予想問！ 目標4分で答えよう

❏❏❏ Aが区分所有するマンションの専有部分をBに賃貸している。Aが本件専有部分にCのために抵当権を設定した場合、CがBのAに対する賃料の支払い前に差押えをしなくても、Cの抵当権は、AのBに対する賃料支払請求権に対して行使することができる。
[H18-4-3] ☞②答×

❏❏❏ Aが区分所有するマンションの専有部分をBに賃貸している。Aが本件専有部分にCのために抵当権を設定し、その登記の後にBが賃借をした場合、その契約期間が3年以内のときは、Bの賃借権は、Cの抵当権に対抗することができる。[H18-4-4] ☞③答×

❏❏❏ 抵当権設定当時、土地及びその上に存する建物が同一の所有者に属する場合において、競売の結果、その土地と建物の所有権が別人に属することとなったときには、地上権を設定したものとみなされる。
[H15-5-3] ☞⑧答○

❏❏❏ 更地に抵当権が設定された後、当該土地に建物が築造されたときは、一定の場合を除き、抵当権者は土地とともに建物を競売することができるが、その優先権は土地の代価についてのみ行使することができる。[予想問] ☞⑨⑩答○

14 保証・連帯債務

必ず出る！基礎知識 目標6分で覚えよう

1 保　証

①保証契約は、書面（または電磁的記録）でしなければ、その効力を生じない。

②保証契約は、債務者から委託を受けていなくても、また、債務者の意思に反しても、締結することができる。

③主たる債務が成立していなければ保証債務も成立せず、主たる債務が消滅すれば保証債務も消滅する（付従性）。

④主たる債務が移転すると、保証債務も移転する（随伴性）。

⑤主たる債務者に生じた事由は保証人に及ぶが、保証人に生じた債務は、履行・相殺を除き、主たる債務者には及ばない。

⑥保証債務には、催告の抗弁権・検索の抗弁権がある。

⑦保証債務には、分別の利益がある。

2 連帯保証

⑧連帯保証債務には、催告の抗弁権・検索の抗弁権がない。

⑨連帯保証債務には、分別の利益がない。

⑩主たる債務に生じた事由は連帯保証人に及ぶが、連帯保証人に生じた債務は、履行・相殺・混同・更改を除き、主たる債務者には及ばない。

3 連帯債務

⑪債権者は、連帯債務者全員に対して、同時に全額の支払いを請求することができる。

⑫１人の連帯債務者に生じた事由は、履行・相殺・混同・更改を除き、他の連帯債務者には及ばない。

DATE & RECORD

学習日	月　日	月　日	月　日	月　日
正答数	／5	／5	／5	／5

過去問＋予想問！ 目標4分で答えよう

❑❑❑ 管理組合法人Aが、建設会社Bとの間でマンションの外壁補修工事を内容とする請負契約を締結した。AのBに対する補修工事代金債務について、Aの理事が当該債務を保証する旨の契約をBとの間で締結する場合、その契約は、書面または電磁的記録でしなければ、その効力を生じない。[H18-6-4]

☞①答○

❑❑❑ 保証人となるべき者が、主たる債務者と連絡をとらず、同人からの委託のないまま債権者と保証契約を締結したとしても、その保証契約は有効に成立する。[予想問]

☞②答○

❑❑❑ AのBに対する金銭債務について、Cが連帯保証人となった場合に、Cは、Bからの請求に対して催告及び検索の抗弁権を行使することができる。[H24-5-3]

☞⑧答×

❑❑❑ 連帯保証人が3人いる場合、連帯保証人間に連帯の特約がなくても、連帯保証人は各自全額につき保証責任を負う。[予想問]

☞⑨答○

❑❑❑ AのBに対する金銭債務について、Cが連帯債務者となった場合に、Cは、Bに対して自己の負担部分についてのみ弁済の責任を負う。[H24-5-2]

☞⑪答×

15 共　有

必ず出る！基礎知識　目標6分で覚えよう

1　共有と持分

①各共有者は、共有物の全部について、持分に応じた使用が可能である。

②共有者の１人が持分に基づき占有している場合、他の共有者は、原則として明渡請求ができない。

2　共有物の管理

③保存行為（例不法占拠者への明渡請求）は、各共有者が単独で行うことができる。

④利用行為（例賃貸借契約の解除）は、持分価格の過半数の合意によって行うことができる。

⑤変更行為（例抵当権の設定・共有物の処分）は、全員の合意によって行うことができる。ただし、共有物の形状または効用の著しい変更を伴わない変更行為（軽微変更）は、持分価格の過半数で決める。

3　持分の処分

⑥持分の処分は、各共有者が単独で行うことができる。

⑦共有者が死亡した場合、持分は相続人に相続される。

⑧共有者が死亡して相続人がいない場合、持分は他の共有者に帰属する。

⑨共有者が持分を放棄した場合、持分は他の共有者に帰属する。

4　共有の分割

⑩各共有者は、いつでも共有物の分割を請求できる。

⑪5年を超えない範囲内で、分割しない特約を設定することは可能である。

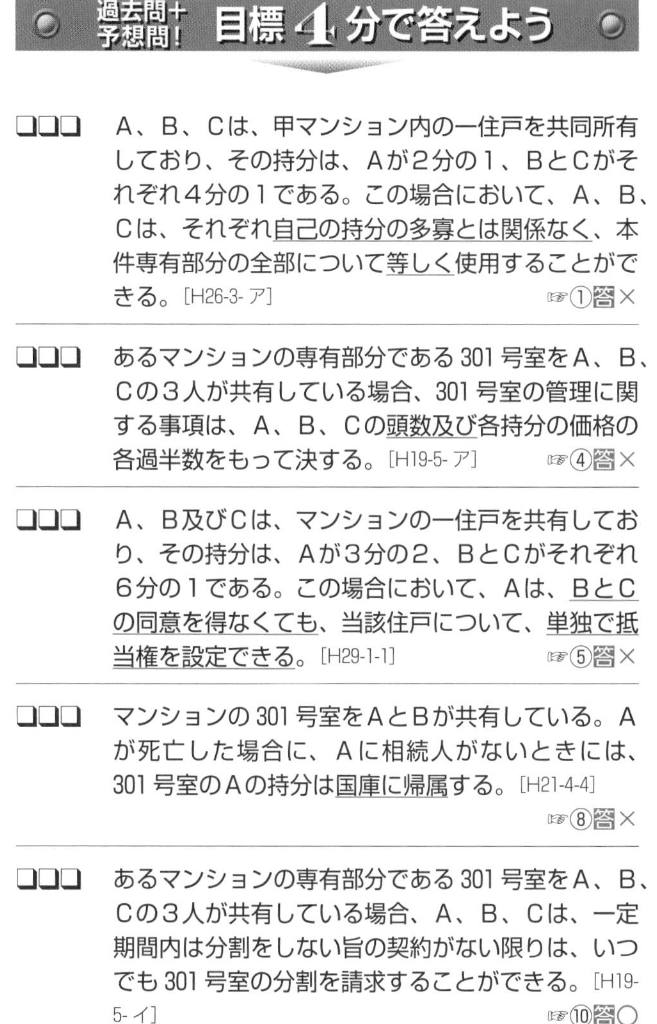

DATE & RECORD

学習日	月　日	月　日	月　日	月　日
正答数	／5	／5	／5	／5

過去問＋予想問！ 目標４分で答えよう

❑❑❑ A、B、Cは、甲マンション内の一住戸を共同所有しており、その持分は、Aが2分の1、BとCがそれぞれ4分の1である。この場合において、A、B、Cは、それぞれ自己の持分の多寡とは関係なく、本件専有部分の全部について等しく使用することができる。[H26-3-ア]　☞①答×

❑❑❑ あるマンションの専有部分である301号室をA、B、Cの3人が共有している場合、301号室の管理に関する事項は、A、B、Cの頭数及び各持分の価格の各過半数をもって決する。[H19-5-ア]　☞④答×

❑❑❑ A、B及びCは、マンションの一住戸を共有しており、その持分は、Aが3分の2、BとCがそれぞれ6分の1である。この場合において、Aは、BとCの同意を得なくても、当該住戸について、単独で抵当権を設定できる。[H29-1-1]　☞⑤答×

❑❑❑ マンションの301号室をAとBが共有している。Aが死亡した場合に、Aに相続人がないときには、301号室のAの持分は国庫に帰属する。[H21-4-4]　☞⑧答×

❑❑❑ あるマンションの専有部分である301号室をA、B、Cの3人が共有している場合、A、B、Cは、一定期間内は分割をしない旨の契約がない限りは、いつでも301号室の分割を請求することができる。[H19-5-イ]　☞⑩答○

16 賃貸借(1)

必ず出る！基礎知識 目標6分で覚えよう

1 賃貸借契約

①賃貸借契約の期間は、最長50年である。

②賃貸借契約の期間満了後、賃借人の使用継続に対し、賃貸人が知りながら異議を述べない場合、同一条件で更新したものとみなされる。

③賃貸借契約の対抗要件は、賃借権の登記である。

2 賃貸人・賃借人の権利と義務

④賃貸人は、目的物を使用に適した状態で貸す義務がある。

⑤賃借人には、賃料支払義務と善管注意義務がある。

⑥賃借人が必要費を支出した場合、直ちに賃貸人に償還請求できる。

⑦賃借人が有益費を支出した場合、賃貸借契約終了時に、支出額と増加額のうち賃貸人が選択して償還請求できる。

⑧賃貸人が賃貸物の修繕等をしようとする場合、賃借人は、これを拒むことができない。

3 賃借権の譲渡・転貸

⑨賃借権の譲渡・転貸には、賃貸人の承諾が必要である。

⑩賃借人が無断転貸した場合、賃貸人は原則として契約を解除できるが、背信的行為と認めるに足りない特段の事情がある場合には、解除できない。

⑪賃借人が賃貸人の承諾を得て賃借権の譲渡をした場合、賃貸人は、新賃借人に対してのみ賃料を請求できる。

⑫賃借人が賃貸人の承諾を得て転貸した場合、賃貸人は、賃借人にも転借人にも賃料を請求できる。請求可能額は、賃借料と転借料のうち安いほうである。

学習日	月　日	月　日	月　日	月　日
正答数	／4	／4	／4	／4

過去問＋予想問！ 目標4分で答えよう

❏❏❏ マンションの専有部分を所有するAが、当該専有部分をBに賃貸した場合、Bが当該専有部分について支出した費用のうち、Aは、必要費については直ちにBに償還する義務を負うが、有益費については賃貸借終了時に償還すればよい。[H23-3-イ]

☞⑥⑦答○

❏❏❏ AがBから建物を賃借している場合、Bが賃貸建物の保存に必要な行為をしようとするときに、Aは、これを拒むことができる。[H15-4-4] ☞⑧答×

❏❏❏ Aが所有するマンションの専有部分甲を賃借するBが、Aの承諾を得ないで第三者であるCに賃借権を譲渡した場合、それがAに対する背信行為と認めるに足りない特段の事情があるときでも、Aは、Bとの間の賃貸借契約を解除することができる。[H27-6-3]

☞⑨⑩答×

❏❏❏ AがBに甲建物を月額15万円で賃貸し、BがAの承諾を得て甲建物をCに適法に月額20万円で転貸している。Bが、支払期日になってもAに対して甲建物の賃料を支払わない場合、AはCに対して、賃料15万円をAに直接支払うように請求することができる。[予想問] ☞⑫答○

---

17 賃貸借(2)

必ず出る！基礎知識 目標6分で覚えよう

1 敷金

①賃貸借契約に基づき、賃借人が賃貸人に対して負う金銭給付債務（例賃料債務）を担保する目的で、賃借人が賃貸人に交付する金銭を、敷金という。「権利金」「保証金」等の名目・名称を問わない。

②敷金の返還と目的物の明渡しは、同時履行の関係に立たない。目的物の明渡しが先である。

③賃貸人から敷金を家賃に充当する旨を主張することはできるが、賃借人からそれを主張することはできない。

④賃貸人が変わった場合、敷金は、原則として新賃貸人に承継される。

⑤賃借人が変わった場合、敷金は、原則として新賃借人に承継されない。

2 賃貸借の相続

⑥賃貸人が死亡した場合も、賃借人が死亡した場合も、賃貸借の権利は相続される。

3 賃貸借と使用貸借

⑦賃貸借は有償の貸借契約であるのに対して、使用貸借は無償の貸借契約である。

⑧賃貸借では、賃貸人は契約不適合責任を負うが、使用貸借では、賃貸人は原則として契約不適合責任を負わない。

⑨使用貸借では、第三者への対抗力は認められない。

⑩借主が死亡した場合、使用貸借は終了する。貸主が死亡しても、使用貸借は終了しない。

DATE & RECORD

学習日	月　日	月　日	月　日	月　日
正答数	／5	／5	／5	／5

過去問＋予想問！ 目標4分で答えよう

❑❑❑ 賃貸借契約が終了した場合、建物明渡しと敷金返還は同時履行の関係に立たず、賃借人の建物明渡しは、賃貸人からの敷金の返還がされた後に行えばよい。
[予想問]
☞②答×

❑❑❑ Aは、自己が所有している建物を、Bから敷金を受領してBに賃貸したが、Bは賃料の支払いを遅滞している。この場合において、Bは、Aに対し、未払賃料について敷金からの充当を主張することができる。[予想問]
☞③答×

❑❑❑ 借主Aは、B所有の建物について貸主Bとの間で賃貸借契約を締結している。賃貸借契約期間中にBが建物をCに譲渡した場合で、Cが賃貸人の地位を承継したとき、敷金に関する権利義務は当然にCに承継される。[予想問]
☞④答○

❑❑❑ AとBとの間で、Aが所有するマンションの1住戸甲についての賃貸借契約が締結され、AはBに甲を引き渡した。Bが、Aの承諾を得て、甲の賃借権をCに譲渡した場合、BがAに交付した敷金に関する権利義務関係は、当然にCに承継される。[H30-5-4]
☞⑤答×

❑❑❑ 使用貸借契約において借主が死亡したときは、その目的物を使用する権利が、借主の相続人に承継される。[H21-2-ウ]
☞⑩答×

18 借地借家法(1)

必ず出る！基礎知識 目標6分で覚えよう

1 期　間

①借地借家契約では、最長期間の制限はない。

②借地借家契約では、最短期間の制限もないが、１年未満の場合には、期間の定めがないものとみなされる。

③期間の定めのない借地借家契約も可能である。

2 更　新

④賃貸人からの更新拒絶には、正当事由が必要である。

⑤期間満了の１年前から６か月前までに更新拒絶の通知のない場合、契約は法定更新される。

⑥期間満了後、賃借人が使用を継続し、賃貸人が異議を述べない場合、契約は法定更新される。

⑦法定更新後は、更新前と同一条件で更新されるが、期間の定めはないものとされる。

3 解約申入れ

⑧賃貸人からの解約申入れには、正当事由が必要である。申入れから６か月経過することで、契約が終了する。

⑨賃借人からの解約申入れには、正当事由が不要である。申入れから３か月経過することで、契約が終了する。

4 借地借家法雑則

⑩建物の引渡しが、賃借権の登記と同様の対抗力をもつものとみなされる。

⑪造作買取請求権を認めない特約は、有効である。

⑫債務不履行による解除の場合、造作買取請求権はない。

DATE & RECORD

学習日	月　日	月　日	月　日	月　日
正答数	／5	／5	／5	／5

過去問＋予想問！ 目標4分で答えよう

❑❑❑ 区分所有者Aが、自己所有のマンションの専有部分をBに賃貸する場合、AB間の賃貸借契約の存続期間を1年未満の期間として定めたときは、その契約は無効である。[H18-44-1] ☞②答×

❑❑❑ 区分所有者Aが、自己所有のマンションの専有部分をBに賃貸した。AB間において、賃貸借契約の期間を定めた場合、Aが期間満了の1年前から6月前までの間にBに対し更新しない旨の通知をしなかったときは、従前の契約と同一条件で更新されたものとみなされ、更新後は契約期間の定めがない契約となる。[H23-44-3] ☞⑤⑦答○

❑❑❑ 貸主による更新拒絶通知に正当事由がある場合であっても、期間満了後に借主が建物を継続して使用し、貸主がそれに対して遅滞なく異議を述べなかった場合には、契約は更新されたものとみなされる。[予想問] ☞⑥答○

❑❑❑ マンションの専有部分を所有するAが、当該専有部分をBに賃貸した場合、Bが当該専有部分の引渡しを受けたときには、その引渡後に当該専有部分の所有権がAからCに譲渡されたときでも、Bは、自己の賃借権をCに対し対抗できる。[H23-3-ア] ☞⑩答○

❑❑❑ 賃借人Bが区分所有者Aの同意を得て建物に付加した造作であっても、賃貸借契約の終了に際して、造作買取請求はできない特約を設定しても無効となる。[R3-41-エ] ☞⑪答×

---

19 借地借家法(2)

必ず出る！基礎知識 目標6分で覚えよう

1 賃貸借終了と転貸借

①期間満了や解約申入れにより原賃貸借契約が終了した場合、転貸借は、通知から6か月後に終了する。

②合意解除により原賃貸借契約が終了しても、転借人に対抗することはできない。

③賃借人の債務不履行により原賃貸借契約が終了した場合、転借人は賃貸人に対抗できない。賃貸人は、転借人に賃料を支払う機会を与える必要もない。

2 借賃増減請求

④賃料を増額しない特約がある場合、増額請求はできない。

⑤賃料を減額しない特約があっても、減額請求はできる。

3 定期建物賃貸借契約（定期借家）

⑥定期建物賃貸借契約の存続期間は、当事者が合意した期間となる。1年未満とすることもできる。

⑦定期建物賃貸借契約は、公正証書等の書面または電磁的記録でしなければならない。

⑧賃貸人は、賃借人に対し、あらかじめ、契約の更新がなく、期間満了によって賃貸借契約が終了することにつき、その旨を記載した書面を交付して説明する必要がある。

⑨床面積200㎡未満の居住用建物で、やむを得ない事情がある場合のみ、建物の賃借人は、中途解約ができる。

⑩増額しない特約も減額しない特約も、有効である。

DATE & RECORD

学習日	月　日	月　日	月　日	月　日
正答数	／4	／4	／4	／4

過去問＋予想問！ 目標4分で答えよう

❑❑❑ Ａが所有するマンションの専有部分甲を賃借するＢが、Ａの承諾を得て第三者であるＣに転貸した場合、ＡＢ間の賃貸借契約がＢの賃料不払いにより解除されたときは、Ａは、Ｃに催告をして弁済の機会を与えていなければ、賃貸借の終了をＣに対抗することができない。[H27-6-2]
☞③答×

❑❑❑ 区分所有者Ａが、自己所有のマンションの専有部分をＢに賃貸した。ＡＢ間において、一定期間、賃料を増額しない旨の特約をした場合でも、当該賃料が不相当になったときは、Ａは増額請求をすることができる。[H25-42-3]
☞④答×

❑❑❑ 区分所有者Ａが貸主として、床面積70㎡のマンションの１室を借主Ｂの居住の用に供するため、Ｂと定期建物賃貸借契約を締結した場合、賃貸借契約の期間を１年未満とするときでも、何らかの書面をもって契約をすれば足り、公正証書による必要はない。
[H22-44-1]
☞⑥⑦答○

❑❑❑ 区分所有者Ａが貸主として、床面積70㎡のマンションの１室を借主Ｂの居住の用に供するため、Ｂと定期建物賃貸借契約を締結し、賃貸借契約の期間を５年と定めた場合、Ｂが入居してから１年後に転勤により、そのマンションの１室を使用することが困難となったときは、ＢはＡに対し解約の申入れをすることができ、この場合解約申入れの日から１月の経過により賃貸借は終了する。[H22-44-3]
☞⑨答○

20 請　負

必ず出る！基礎知識　目標6分で覚えよう

1 請　負

①請負人は、原則として、仕事を別の者に請け負わせることができる。

②請負の目的物の引渡しと報酬の支払いは、同時履行の関係に立つ。

③請負の仕事の完成と報酬の支払いは、同時履行の関係に立たない。

2 請負人の担保責任

④請負人が仕事を完成させたとしても、欠陥があり契約の内容に適合していない場合、注文者は請負人に対して担保責任を追及できる。具体的には、追完請求・報酬減額請求・損害賠償請求・解除が可能である。

⑤契約不適合が注文者の指図によって生じた場合、担保責任の追及はできない。

⑥請負人が、注文者の指図が不適当であることを知りながら告げなかった場合、注文者の指図であっても担保責任を追及できる。

3 注文者の解除権

⑦注文者は、仕事の完成前であればいつでも、請負人に損害を賠償して契約を解除することができる。

⑧契約の解除などにより仕事が完成しなかったとしても、注文者が利益を受けるときは、請負人は、その利益の割合に応じて報酬を請求することができる。

DATE & RECORD

学習日	月 日	月 日	月 日	月 日
正答数	／5	／5	／5	／5

過去問＋予想問！ 目標 4 分で答えよう

❑❑❑ 請負においては、請負人は請負に係る仕事を第三者に行わせることはできない。［H24-6-イ］ ☞①答×

❑❑❑ Aが建設業者Bに請け負わせて建物を建築した場合、Aの報酬支払債務とBの建物引渡債務は、同時履行の関係に立つ。［予想問］ ☞②答○

❑❑❑ 管理組合法人Aは、建設会社Bとの間でマンションの共用部分である1階部分の廊下の修繕工事を内容とする請負契約を締結した。本件工事に契約不適合があるときは、Aは、Bに対し、その不適合について、契約の解除または損害賠償の請求をすることはできるが、履行の追完を請求することはできない。［H25-5-1］ ☞④答×

❑❑❑ マンションの管理組合Aが、施工会社Bとの間で締結したリフォーム工事の請負契約に関して、Aは、仕事が完成した後でも、Bに生じた損害を賠償して請負契約を解除することができる。［R4-3-イ］ ☞⑦答×

❑❑❑ マンションの管理組合Aが、施工会社Bとの間で締結したリフォーム工事の請負契約に関して、請負契約が仕事の完成前に解除された場合であっても、Bが既にしたリフォーム工事によってAが利益を受けるときは、Bは、Aが受ける利益の割合に応じて報酬を請求することができる。［R 4-3-エ］ ☞⑧答○

21 委　任

必ず出る！基礎知識　目標6分で覚えよう

1 委任契約

①委任とは、当事者の一方が相手方のために法律行為をすることを約し、相手方がこれを承諾することによって成立する契約である。

②委任は、原則として無償契約である。特約がない限り、報酬は受領できない。

2 権利と義務

③受任者は、事務処理に必要な費用をあらかじめ委任者に請求できる。

④受任者は、報酬の有無にかかわらず、善管注意義務を負う。自己のためにするのと同一の義務を負うのではない。

⑤受任者は、委任者の請求があったときや、委任が終了したときは、委任事務に関する報告をしなければならない。

3 委任契約の終了

⑥委任契約は、各当事者がいつでも解除することができる。

⑦委任者または受任者が、相手方に不利な時期に委任を解除したときは、やむを得ない事由があるときを除き、相手方に対して損害賠償義務を負う。

⑧委任者が受任者の利益（専ら報酬を得ることによるものを除く）をも目的とする委任を解除したときも、損害賠償義務を負う。ただし、やむを得ない事由があるときを除く。

⑨委任契約は、受任者の死亡・破産手続開始・後見開始により終了する。

⑩委任契約は、委任者の死亡・破産手続開始により終了する。委任者の後見開始によっては終了しない。

DATE & RECORD

学習日	月 日	月 日	月 日	月 日
正答数	／6	／6	／6	／6

過去問＋予想問！ 目標4分で答えよう

□□□ 委任とは、当事者の一方が相手方のために法律行為をすることを約し、相手方がこれに対してその報酬を支払うことを約することによって、その効力を生ずる契約である。[H30-1-1] ☞①②答×

□□□ 受任者は、特約がなければ、委任者に対して報酬を請求することができない。[R4-1-2] ☞②答○

□□□ 受任者は、委任が終了した後に、遅滞なくその経過及び結果を報告すればよく、委任者の請求があっても委任事務の処理の状況を報告する義務はない。[R4-1-1] ☞⑤答×

□□□ 委任契約においては、受任者の請求があれば、委任者は、いつでも事務の処理に要する費用を前払いしなければならない。[H16-2-2] ☞③答○

□□□ マンション管理業者は、管理委託契約に特約をした場合にのみ善管注意義務を負う。[H13-4-1] ☞④答×

□□□ 委任契約において、受任者が委任者にとって不利な時期に当該契約を解除したときには、受任者は、委任者に生じた損害を賠償しなければならないが、委任者が受任者にとって不利な時期に当該契約を解除したときには、委任者は、受任者に生じた損害を賠償する必要はない。[H16-2-4] ☞⑦答×

22 不法行為

必ず出る！基礎知識 目標6分で覚えよう

1 不法行為

①不法行為とは、故意または過失によって違法な行為を行い、それによって他人に損害を与える行為である。

②不法行為の被害者は、加害者に損害賠償を請求できる。

③不法行為の加害者が負う損害賠償債務の履行遅滞は、不法行為の時から始まる。

④不法行為による損害賠償請求権は、被害者またはその法定代理人が損害及び加害者を知った時から3年（人の生命・身体を害する場合は5年）を経過すると、時効消滅する。

⑤不法行為の時から20年を経過したときも、時効消滅する。

2 使用者責任

⑥使用者責任が成立すれば、被害者は、使用者にも損害賠償請求ができる。

⑦使用者責任の成立要件である「事業の執行」にあたるかどうかは、行為の外形を基準に判断する。

⑧被害者に損害を賠償した使用者は、信義則上相当と認められる限度で、被用者に求償することができる。

3 共同不法行為

⑨数人が共同不法行為により損害を与えた場合、それらの者は、連帯して損害賠償責任を負う。

4 工作物責任

⑩工作物の占有者は、損害発生防止に必要な措置をしていた場合、免責される（過失責任）。

⑪工作物の所有者は、損害発生防止に必要な措置をしていた場合でも、免責されない（無過失責任）。

DATE & RECORD

学習日	月　日	月　日	月　日	月　日
正答数	／4	／4	／4	／4

過去問＋予想問！ 目標4分で答えよう

❑❑❑ マンション乙の外壁のタイルが落下し、通行人Eが負傷した場合には、管理組合法人FがEに対して負う損害賠償債務は、EがFに損害賠償を請求した時点で履行遅滞になる。［R2-4-2］ ☞③答×

❑❑❑ 第三者の不法行為（人の生命または身体を害するものを除く）により管理組合に損害が生じた場合、管理組合の損害賠償請求権は、損害及び加害者を知った時から3年間行使しないとき、または不法行為の時から20年を経過したときは消滅する。［H28-3-4］ ☞④⑤答○

❑❑❑ マンションの管理組合Aとマンション管理業者であるBとの間で管理委託契約が締結されていたところ、同管理委託契約に係るBの職務を行うについて、Bの被用者であるCが不法行為によりAの組合員Dに損害を加えた場合、BがDに対して損害賠償をしたときは、Cに対して求償することはできない。［H21-3-4］ ☞⑧答×

❑❑❑ 土地の工作物の設置または保存に瑕疵があることによって他人に損害を生じたときは、その工作物の占有者がその損害を賠償する責任を負うが、当該占有者が損害の発生を防止するのに必要な注意をしたときは、所有者がその損害を賠償しなければならない。［H30-6-4］ ☞⑩⑪答○

第2編

区分所有法等

1 区分所有権

必ず出る！基礎知識 目標6分で覚えよう

1 用語の確認

①区分所有権が成立するためには、構造上・利用上の独立性と、区分所有する意思が必要である。

②専有部分とは、構造上・利用上の独立性があり、区分所有権の目的たる建物の部分をいう。

③共用部分とは、専有部分以外の建物の部分、専有部分に属しない建物の附属物、規約により共用部分とされた附属の建物をいう。

④区分所有権とは、専有部分を目的とする所有権である。

⑤専有部分に該当するのは、共用部分以外の建物の部分、共用部分に属さない建物の附属物である。

⑥構造上区分所有者全員またはその一部の共用に供されるべき建物の部分や附属物を、法定共用部分という。

⑦規約により共用部分とされた専有部分の適格性を有する建物の部分、規約により共用部分とされた附属の建物を、規約共用部分という。

2 区分所有者の団体

⑧区分所有者が2人以上になると、当然に区分所有法３条の団体（管理組合）が成立する。

⑨区分所有者は、当然に管理組合の構成員になる。

⑩集会・規約・管理者等が定められている管理組合は、法３条の団体であり、かつ権利能力なき社団に該当する。

⑪管理者が定められておらず、規約も作られていない管理組合は、法３条の団体ではあるが、権利能力なき社団には該当しない。

学習日	月　日	月　日	月　日	月　日
正答数	／6	／6	／6	／6

過去問＋予想問！ 目標4分で答えよう

❑❑❑ 専有部分とは、一棟の建物に構造上区分され、かつ、住居、店舗、事務所または倉庫その他建物としての用途に独立して供することができるように利用上区分された、区分所有権の目的である建物の部分である。[H28-34-1]
☞②答○

❑❑❑ 地下に設けられた駐車場部分は、必ずしも周囲すべてが完全に遮蔽されていなくても、構造上、利用上の独立性を備えている場合には、専有部分として登記して分譲することができる。[H28-34-2]
☞②答○

❑❑❑ 区分所有権とは、専有部分及び共用部分の共有持分を目的とする所有権である。[予想問]
☞④答×

❑❑❑ 区分所有法第３条に規定される団体は、建物並びにその敷地及び附属施設を管理するための団体であり、区分所有者の合意によって設立されるものではない。[H28-36-1]
☞⑧答○

❑❑❑ 区分所有者は、建物並びにその敷地及び付属施設の管理を行うための団体である管理組合を構成することができるが、管理組合の構成員となるか否かは各区分所有者の意思にゆだねられる。[予想問]
☞⑨答×

❑❑❑ 集会・規約・管理者等が定められている管理組合は、法３条の団体ではあるが、権利能力なき社団には該当しない。[予想問]
☞⑩⑪答×

2 専有部分と共用部分(1)

必ず出る！基礎知識 目標6分で覚えよう

1 専有部分

①専有部分の用途は、共同利益違反行為を除き、区分所有者の自由である。ただし、用方や用途については、規約で制限できる。

2 共用部分の種類

②構造上区分所有者の全員の共用に供されるべき建物の部分を、全体共用部分という。

③構造上区分所有者の一部の共用に供されるべき建物の部分を、一部共用部分という。

3 共用部分の使用

④各共有者は、共用部分をその用方に従って使用することができる。

4 共用部分の持分割合

⑤各共有者の持分は、その有する専有面積の床面積の割合による。床面積は、壁その他の区画の内側線で囲まれた部分の水平投影面積による。ただし、規約で別段の定めもできる。

5 共用部分の持分の処分

⑥共有者の持分については、その有する専有部分の処分に従う。

⑦共用部分の共有者は、その有する専有部分と分離して持分を処分することはできない。ただし、区分所有法に別段の定め(管理所有・共用部分の持分割合の変更)がある場合は可能である。なお、規約で定めることはできない。

DATE & RECORD

学習日	月　日	月　日	月　日	月　日
正答数	／6	／6	／6	／6

過去問+予想問！ 目標4分で答えよう

❑❑❑ 専有部分の用途については、共同の利益に違反するものを除き、区分所有者の自由であり、用方や用途について規約で別段の定めをすることはできない。
[予想問] ☞①答×

❑❑❑ 建物の構造上・利用上の独立性が認められる駐車場部分を、専有部分として登記して、住戸部分とは別に分譲・販売することができる。[H26-35-2] ☞①答〇

❑❑❑ 区分所有法の規定によれば、共用部分の各共有者は、共用部分をその用方に従って使用することができる。
[H24-38-エ] ☞④答〇

❑❑❑ 各住戸の専有部分の床面積に差異が少ない場合に、共用部分に対する各区分所有者の共有持分の割合を、全住戸均等に配分する旨の規約の定めは効力を有しない。[H27-33-2] ☞⑤答×

❑❑❑ 共有者の持分については、その有する専有部分の処分に従う。[予想問] ☞⑥答〇

❑❑❑ 共用部分の共有者は、その有する専有部分と分離して持分を処分することはできない。ただし、規約で別段の定めがある場合には可能である。[予想問]
☞⑦答×

3 専有部分と共用部分(2)

必ず出る！基礎知識　目標6分で覚えよう

1 共用部分の管理

①保存行為は、各共有者が単独ですることができる。ただし、規約で別段の定めをすることもできる。

②管理行為は、集会の普通決議で決する。ただし、規約で別段の定めをすることもできる。

③変更行為（軽微変更）は、集会の普通決議で決する。ただし、規約で別段の定めをすることもできる。

④変更行為（重大変更）は、区分所有者及び議決権の各４分の３以上の多数による集会の決議で決する。ただし、区分所有者の定数に限り、規約で過半数まで減ずることができる。

⑤一部共用部分は、共用すべき一部の区分所有者のみで管理を行う。ただし、全員の利害に関するものは、区分所有者全員で管理を行う。

⑥全員の利害に関しないものでも、全体の規約に定めがあれば、区分所有者全員で管理を行う。ただし、共用すべき区分所有者の４分の１を超える者または議決権の４分の１を超える者が反対した場合は、することができない。

2 管理所有

⑦管理者と区分所有者は、規約に別段の定めがあるときは、共用部分を管理所有することができる。しかし、共有の建物・附属施設・敷地を管理所有することはできない。

⑧管理所有者は、保存行為・管理行為・軽微変更を単独で行うことができる。しかし、重大変更は単独で行うことができない。

DATE & RECORD

学習日	月　日	月　日	月　日	月　日
正答数	／7	／7	／7	／7

過去問＋予想問！ 目標4分で答えよう

❑❑❑ 各共有者は、共用部分の保存行為をすることができる。[H18-33-1] ☞①答○

❑❑❑ 共用部分の保存行為は、管理者が行うものとし、各区分所有者はこれを行うことができない旨の規約の定めは有効である。[H23-35-イ] ☞①答○

❑❑❑ 共用部分の変更（その形状または効用の著しい変更を伴わないものを除く）は、区分所有者総数の４分の３以上及び議決権総数の過半数で決する旨の規約の定めは有効である。[H16-32-4] ☞④答×

❑❑❑ 一部共用部分に関する事項で、区分所有者全員の利害に関係しないものは、これを共用すべき区分所有者の規約によって管理することができるが、区分所有者全員の規約に別段の定めをすれば、区分所有者全員で管理できる。[H26-36-3] ☞⑤⑥答○

❑❑❑ 一部共用部分に関する事項であっても、当該部分が区分所有者全員の利害に関係する部分である場合には、規約にその定めがなくても区分所有者全員で管理する。[H26-36-2] ☞⑤答○

❑❑❑ 管理所有の対象物は、共用部分、共有の建物、附属施設、敷地に限られる。[R2-36-2] ☞⑦答×

❑❑❑ 規約で共用部分の所有者と定められた区分所有者は、共用部分の変更をすることができる。[H18-38-1] ☞⑧答×

4 敷地利用権

必ず出る！基礎知識 目標6分で覚えよう

1 敷地の種類

①区分所有建物が物理的に所在する一筆または数筆の土地を、法定敷地という。

②建物及び法定敷地と一体として管理または使用する庭、通路その他の土地で規約により建物の敷地とされた土地を、規約敷地という。法定敷地と隣接している必要はない。

③建物の所在する土地が、建物の一部の滅失または土地の一部の分割により、建物が所在する土地以外の土地となった場合、規約で建物の敷地と定められたものとみなされる土地を、みなし規約敷地という。

2 敷地利用権と敷地権

④敷地利用権には、所有権・借地権（地上権・賃借権）・使用借権がある。地役権は含まれない。

⑤登記された敷地利用権であって、区分所有者の有する専有部分と分離して処分するものができないものを、敷地権という。

⑥区分所有者が一人で数個の専有部分を所有する場合、敷地利用権の割合は、原則として専有部分の床面積の割合により決まる。規約で別段の定めをすることもできる。

3 分離処分の禁止

⑦専有部分とその専有部分に係る敷地利用権とを分離して処分することはできない。ただし、規約で別段の定めがある場合は可能である。

DATE & RECORD

学習日	月　日	月　日	月　日	月　日
正答数	／5	／5	／5	／5

過去問＋予想問！ 目標4分で答えよう

❏❏❏ 規約敷地は、区分所有者が建物及び建物が所在する土地と一体として管理又は使用する庭、通路その他の土地を指すが、建物が所在する土地の隣接地でなくともよい。[H26-34-3]
☞②答○

❏❏❏ 法定敷地である甲乙二筆の土地にまたがって建っている建物のうち、甲地に所在する建物（建物の価格の2分の1以下に相当する）部分が全部滅失してしまった場合、甲地に所在した当該建物部分を復旧するためには、区分所有者の団体は、まず集会を開いて甲地を規約敷地にしなければならない。[H26-34-4]
☞③答×

❏❏❏ 敷地利用権には、所有権・借地権（地上権・賃借権）・使用借権・地役権がある。[予想問]
☞④答×

❏❏❏ 区分所有者が数個の専有部分を所有する場合の各敷地利用権の割合は、共用部分の持分の割合と同一であり、規約で別段の定めをすることができない。[R3-32-1]
☞⑥答×

❏❏❏ 専有部分とその専有部分に係る敷地利用権とを分離して処分することができる旨の規約の定めは、無効である。[H19-35-エ]
☞⑦答×

5 区分所有者の権利と義務

必ず出る！基礎知識 目標6分で覚えよう

1 先取特権

①区分所有法上の先取特権は、優先権の順位及び効力については、民法上の共益費用の先取特権とみなされるが、目的物については除外される。

②先取特権の行使は、まず建物に備え付けた債務者の動産を競売し、それでも不足がある場合に債務者の区分所有権等を競売する。

③先取特権には、物上代位性がある。

2 区分所有者の特定承継人の責任

④区分所有者に対して有する債権については、区分所有者から区分所有権を取得した特定承継人に対しても行使することができる。その際、特定承継人の善意・悪意は問わない。

⑤賃借人は、特定承継人には該当しない。

⑥旧区分所有者の債務を弁済した特定承継人は、本来弁済すべき旧区分所有者に対して求償できる。

3 瑕疵に関する事項

⑦瑕疵が専有部分に存する場合、民法の不法行為の規定に従い、占有者または所有者が損害賠償責任を負う。

⑧瑕疵が共用部分に存する場合、共用部分の占有者または所有者が損害賠償責任を負う。

⑨瑕疵が専有部分か共用部分かどちらか不明な場合には、共用部分に存するものと推定される。

DATE & RECORD

学習日	月　日	月　日	月　日	月　日
正答数	／5	／5	／5	／5

過去問＋予想問！ 目標4分で答えよう

❑❑❑ 区分所有者が、共用部分、建物の敷地または共用部分以外の建物の附属施設につき他の区分所有者に対して有する債権について、債務者の区分所有権の上に有する先取特権は、その順位と効力については、共益費用の先取特権として扱われる。[H27-38-4] ☞①答○

❑❑❑ 区分所有法第7条に規定される先取特権は、優先権の順位、効力及び目的物については、民法に規定される共益費用の先取特権とみなされる。[H29-35-4] ☞①答×

❑❑❑ 管理費を滞納している区分所有者から、マンションの専有部分を購入した者が、売買契約に際して、当該滞納者から「管理費の滞納分はない」旨を告げられ、それを信ずるについて過失がない場合でも、滞納管理費の支払義務を負う。[H26-10-2] ☞④答○

❑❑❑ 専有部分が賃貸され、その賃貸借契約において、管理費の支払いは賃借人が行う旨を定めていた場合でも、その滞納があったときは、管理組合は賃貸人である区分所有者に滞納管理費を請求することができる。[H24-11-4] ☞④⑤答○

❑❑❑ 建物の設置または保存に瑕疵があることによってAの組合員Gに損害を与えた場合、その瑕疵が専有部分に存したときには、Gは、当該専有部分の区分所有者に対して損害賠償請求をすることができるが、管理組合または組合員全員に対してすることはできない。[H25-6-エ] ☞⑦答○

6 管理者

必ず出る！基礎知識 目標6分で覚えよう

1 資格の制限

①管理者を設置するかどうかは、任意である。

②管理者は、区分所有者か否かを問わない。また、自然人のみならず、法人も管理者となることができる。

③管理者の人数・任期には、制限がない。

2 選任と解任

④管理者は、規約に別段の定めがない限り、集会の普通決議によって選任・解任される。

⑤管理者は委任関係である。そのため、民法の委任の規定が準用される。

例受任者に善管注意義務・各当事者はいつでも解除可能

⑥管理者に不正な行為等の事情がある場合、各区分所有者は、その解任を裁判所に請求できる。解任の議案が集会で否決されても、訴えの提起は可能。

3 権　限

⑦管理者は、共用部分や敷地等の保存行為を行うこと、集会の決議を実行すること、及び規約で定めた行為をすることに対する権利を有し、義務を負う。

⑧管理者の職務に関する事項、共用部分についての損害保険契約に基づく保険金の請求及び受領、共用部分等について生じた損害賠償金及び不当利得による返還金の請求及び受領に関して、管理者は区分所有者を代理する。

⑨管理者の代理権に加えた制限は、善意の第三者に対抗できない。

DATE & RECORD

学習日	月　日	月　日	月　日	月　日
正答数	／7	／7	／7	／7

過去問＋予想問！ 目標4分で答えよう

❑❑❑ 管理組合は、管理者を設置しなければならない。[予想問]
☞①答×

❑❑❑ 規約または集会の決議によっても、マンション管理業者が管理者になることはできない。[H22-37-1]
☞②答×

❑❑❑ 管理者の任期は原則２年だが、規約で３年以内において別段の期間を定めることができる。[予想問]
☞③答×

❑❑❑ 管理者を解任するには、集会において区分所有者及び議決権の各４分の３以上の多数による決議が必要である。[H29-37-1]
☞④答×

❑❑❑ 管理者が、職務を行うに当たって費用を要するときであっても、区分所有者に対して、その費用の前払を請求することはできない。[H24-4-1]
☞⑤答×

❑❑❑ 管理者に不正な行為その他その職務を行うに適しない事情があるときは、各区分所有者は、その解任を建物の所在地の市町村長を経由して都道府県知事に請求することができる。[H16-33-3]
☞⑥答×

❑❑❑ 管理者は、共用部分についての損害保険契約に基づく保険金額並びに共用部分について生じた損害賠償金及び不当利得による返還金の請求及び受領について、区分所有者を代理する。[H22-37-2]
☞⑧答○

7 規　約

必ず出る！基礎知識　目標6分で覚えよう

1 規　約

①規約は、書面または電磁的記録により作成しなければならない。

②規約の設定・変更・廃止は、区分所有者及び議決権の各４分の３以上の多数の集会の決議によって行う。

③一部の区分所有者の権利に特別の影響を及ぼすときは、その者の承諾を得なければならない。

④最初に建物の専有部分の全てを所有する者は、公正証書により、規約共用部分・規約敷地・専有部分と敷地利用権の分離処分について等の一定事項について規約を設定することができる。

⑤規約は、管理者が保存する。管理者がいない場合、建物を使用している区分所有者またはその代理人のうち、規約または集会の決議で定める者が保存する。

⑥規約を保管する者は、閲覧請求があった場合、正当な理由があるときを除いて、これを拒んではならない。

⑦規約の保管場所は、建物内の見やすい場所に掲示する。

2 一部共用部分と規約

⑧一部共用部分について、区分所有者全体の利害に関するものは区分所有者全体の規約で定め、全体の利害に関しないものは共用すべき区分所有者の規約で定める。

⑨全体の利害に関しないものでも、全員の規約に定めがあれば、区分所有者全員の規約で定める。ただし、共用すべき区分所有者の４分の１を超える者または議決権の４分の１を超える者が反対した場合は、することができない。

DATE & RECORD

学習日	月　日	月　日	月　日	月　日
正答数	／6	／6	／6	／6

過去問＋予想問！ 目標4分で答えよう

❑❑❑ 管理規約は、規約にその旨の定めがなくても、電磁的記録により作成することができる。[H20-35-1]

☞①答○

❑❑❑ 規約を変更するには、集会において区分所有者及び議決権の各４分の３以上の多数による決議が必要であり、この場合において、当該変更が一部の区分所有者の権利に特別の影響を及ぼすべきときは、その承諾が必要である。[H29-37-4]

☞②③答○

❑❑❑ 101号室前の共用廊下に管理組合の掲示板を設置するには、区分所有者及び議決権の各過半数の集会の決議で足り、101号室の使用に影響が生じないときは、その区分所有者の承諾は不要である。[H27-29-3]

☞③答○

❑❑❑ 管理者は、規約を建物内に保管する義務があり、その保管場所を建物内の見やすい場所に掲示しなければならない。[H16-33-1]

☞⑤⑦答×

❑❑❑ 区分所有者全員で構成する団体に管理者が選任されている場合には、規約は、管理者が保管しなければならない。[R4-34-1]

☞⑤答○

❑❑❑ 区分所有者全員の利害に関係しない一部共用部分に関する事項についての区分所有者全員の規約の改正は、当該一部共用部分を共用すべき区分所有者の５分の１を超える者またはその議決権の５分の１を超える議決権を有する者が反対したときは、することができない。[H13-37-4]

☞⑨答×

8 集会（1）

必ず出る！基礎知識 目標6分で覚えよう

1 集会の招集

①管理者は、毎年1回、集会を招集しなければならない。

②管理者がいる場合、区分所有者の5分の1以上で議決権の5分の1以上を有するものは、管理者に対して集会の招集を請求できる。なお、この定数は、規約で減ずることができる。

2 集会の通知

③集会の招集通知は、会日の1週間前までに各区分所有者に発する必要がある。この期間は、規約で伸縮できる。

④専有部分が数人の共有に属するときは、議決権行使者として指定された者（いない場合は共有者の1人）に通知すれば足りる。

⑤通知を受けるべき場所を通知した場合、通知された場所に招集通知を発する。場所の通知がない場合、区分所有者の所有する専有部分の存在場所に招集通知を発する。

⑥規約に特別の定めがある場合、建物内に住所を有する区分所有者と、通知を受ける場所を通知していない区分所有者に対しては、建物内の見やすい位置に掲示することで招集通知を発したものとすることができる。

⑦普通決議以外の場合（例規約の設定・変更・廃止、建替え決議）は、議案の要領をも通知しなければならない。ただし、管理組合法人化に関する決議や法人解散に関する決議等の場合、議案の要領の通知は不要である。

⑧区分所有者全員の同意があれば、招集手続を経ないで集会を開くことができる。

DATE & RECORD

学習日	月　日	月　日	月　日	月　日
正答数	／6	／6	／6	／6

過去問＋予想問！ 目標4分で答えよう

❑❑❑ 一部の区分所有者による集会招集権の濫用を防ぐため、規約を変更して、集会の招集を請求できる者の定数を区分所有者及び議決権の各4分の1以上にすることは可能である。[R4-36-4]
☞②答×

❑❑❑ 専有部分が数人の共有に属するときは、集会の招集通知は共有者全てにする必要がある。[予想問]
☞④答×

❑❑❑ 各区分所有者に対する集会の招集通知は、会日より少なくとも1週間前に、建物内の見やすい場所に掲示してすることができるとする規約の定めは、区分所有法の規定に違反する。[H17-35-3]
☞⑤⑥答○

❑❑❑ 集会において、マンションを建て替えることを決議する場合、議案の要領の通知を要しない。[H14-34-4]
☞⑦答×

❑❑❑ 集会において、管理組合法人の解散について決議する場合、議案の要領の通知を要しない。[予想問]
☞⑦答○

❑❑❑ 集会の招集通知手続は、あらかじめ各区分所有者の日程や会議の目的たる事項についての熟慮期間を確保するものであるから、区分所有者全員の同意があっても、当該手続を省略することはできない。[R4-36-3]
☞⑧答×

9 集 会（2）

必ず出る！基礎知識 目標6分で覚えよう

1 集会の決議

①集会では、招集通知によりあらかじめ通知した事項についてのみ決議をすることができる。ただし、特別決議を除いて、規約で別段の定めをすることもできる。

②集会の決議の効力は、その承継人や占有者にも及ぶ。

2 議 決 権

③各区分所有者の議決権は、共用部分の持分割合による。ただし、規約で別段の定めをすることができる。

3 議 事

④議決権は、原則として集会に出席して行使する。ただし、書面（議決権行使書）や代理人（委任状）によって行使することも可能。

⑤代理人の資格については、区分所有法上、特に制限はない。

⑥議決権行使書や委任状に関しては、特に書式は定められていないため、押印がなくても有効である。

⑦区分所有者は、規約または集会の決議により、書面による議決権の行使に代えて、電磁的方法によって議決権を行使することができる。

⑧専有部分が数人の共有に属する場合、共有者は、議決権行使者を１人定めなければならない。

4 議 事 録

⑨集会の議事録が書面で作成されている場合、議長と集会に出席した区分所有者２人の合計３人が、これに署名をしなければならない。

DATE & RECORD

学習日	月　日	月　日	月　日	月　日
正答数	／6	／6	／6	／6

過去問＋予想問！ 目標4分で答えよう

❑❑❑ 普通決議事項につき、あらかじめ各区分所有者に通知していない事項についても、集会において決議することができるとする規約の定めは有効である。[H16-30-2]
☞①答○

❑❑❑ 各住戸の専有部分の床面積に差異が少ない場合に、総会における議決権割合を、議決権の過半数による決議事項については1住戸1議決権、議決権の4分の3以上の多数による決議事項については専有部分の床面積割合とする旨の規約の定めは効力を有しない。[H27-33-3]
☞③答×

❑❑❑ 議決権は、書面または代理人によって行使するほか、規約または集会の決議により、電磁的方法によって行使することができる。[H15-32-3]
☞④答○

❑❑❑ 集会において代理人が議決権を行使する場合に、その代理人は成年者でなければならない。[H21-5-4]
☞⑤答×

❑❑❑ 専有部分の各共有者は、集会においてそれぞれ持分に応じて議決権を行使することができる。[H18-33-4]
☞⑧答×

❑❑❑ 議事録が書面で作成されているときは、議長及び集会に出席した区分所有者2名がこれに署名しなければならない。[H22-38-4 改]
☞⑨答○

10 集会(3)

必ず出る！基礎知識　目標6分で覚えよう

1 事務の報告

①管理者は、集会において、毎年1回一定の時期に、その事務に関する報告をしなければならない。集会を開かず書面により報告内容を送付する方法などは、認められていない。

2 占有者の意見陳述権

②区分所有者の承諾を得て専有部分を占有する者は、会議の目的につき利害関係がある場合、集会に出席して意見を述べることができる。ただし、議決権はない。

③管理費や修繕積立金の増額についての議題を扱う集会において、占有者は、利害関係があるとはいえない。

④ペット飼育禁止についての議題を扱う集会において、占有者は、利害関係があるといえる。

⑤専有部分を居住目的以外に使用することを禁止することについての議題を扱う集会について、占有者は、利害関係があるといえる。

3 書面または電磁的方法による決議

⑥区分所有者全員の承諾がある場合、書面または電磁的方法による決議をすることができる。

⑦区分所有者全員の書面または電磁的方法による合意がある場合、書面または電磁的方法による決議があったものとみなされる。

DATE & RECORD

学習日	月　日	月　日	月　日	月　日
正答数	／5	／5	／5	／5

過去問＋予想問！ 目標4分で答えよう

□□□ 管理者は、毎年１回一定の時期にその事務に関する報告をしなければならないが、当該報告を各区分所有者に郵送または電子メールで送信することにより、総会での報告に代えることができる旨の規約の定めは効力を有しない。［H27-33-4］ ☞①答○

□□□ 区分所有者の承諾を得て専有部分を占有する者は、会議の目的たる事項につき利害関係を有する場合、集会に出席して意見を述べ、議決権を行使することができる。［予想問］ ☞②答×

□□□ 区分所有者Ａの承諾を得て専有部分をＢが賃借している場合において、規約を変更しペットの飼育を禁止することについて集会で決議する場合、301号室でペットを飼育しているＢは、利害関係を有するとして集会に出席して、当該規約変更に関する意見を述べることができる。［予想問］ ☞②④答○

□□□ 集会において決議をすべき場合において、区分所有者が１人でも反対するときは、書面による決議をすることができない。［H18-31-1］ ☞⑥答○

□□□ 集会の決議事項について、区分所有者全員の書面による合意があったときは、書面による決議があったものとみなされる。［R2-29-エ］ ☞⑦答○

11 管理組合法人(1)

必ず出る！基礎知識 目標6分で覚えよう

1 成　立

①管理組合は、区分所有者及び議決権の各４分の３以上の多数による集会の決議で、法人となる旨及びその名称、事務所を定め、法人登記をすることで法人となる。

②管理組合が法人化した場合、名称中に必ず「管理組合法人」という文字を用いなければならない。

③法人登記においては、理事全員（代表理事を定めた場合は代表理事のみ）の氏名・住所が登記事項となる。監事の氏名・住所は、登記事項ではない。

2 管理組合法人の権限

④管理組合法人は、その事務に関し、区分所有者を代理する。

⑤管理組合法人の代理権に加えた制限は、善意の第三者に対抗することができない。

⑥管理組合法人は、規約または集会の決議により、その事務に関し、区分所有者のために、原告または被告となることができる。規約により原告または被告となった場合、遅滞なく区分所有者にその旨を通知しなければならない。

⑦管理組合法人に管理所有という制度はない。

3 財産目録・区分所有者名簿

⑧管理組合法人は、設立時及び毎年１月から３月までの間に財産目録を作成し、常にこれを主たる事務所に備え置かなければならない。

⑨管理組合法人は、区分所有者名簿を備え置き、区分所有者の変更があるごとに変更しなければならない。

DATE & RECORD

学習日	月　日	月　日	月　日	月　日
正答数	／7	／7	／7	／7

過去問＋予想問！ 目標4分で答えよう

❑❑❑ 区分所有者の団体は、区分所有者及び議決権の各４分の３以上の多数による集会の決議で、法人となる旨及びその名称、事務所を定めれば、法人登記をすることなく法人となる。[予想問] ☞①答×

❑❑❑ 管理組合法人は、その名称中に管理組合法人という文字を用いなければならない。[H25-36-1] ☞②答○

❑❑❑ 管理組合法人は、理事及び監事の氏名、住所を登記しなければならない。[H25-36-2] ☞③答×

❑❑❑ 管理組合法人は、その事務に関し、区分所有者を代理する。[H29-30-1] ☞④答○

❑❑❑ 管理組合法人及び理事について、その代理権に加えた制限を規約で定めても、善意の第三者に対抗することができない。[R3-35-2] ☞⑤答○

❑❑❑ 理事は、集会の決議により、管理組合法人の事務に関し、区分所有者のために、原告又は被告となることができるが、この場合には、遅滞なく、原告又は被告となった旨を区分所有者に通知しなければならない。[H26-32-エ] ☞⑥答×

❑❑❑ 管理組合法人は、区分所有者名簿を備え置き、区分所有者の変更があるごとに変更しなければならない。[予想問] ☞⑨答○

12 管理組合法人(2)

必ず出る！基礎知識 目標6分で覚えよう

1 理事と監事

①管理組合法人には、理事と監事を置かなければならない。
②理事・監事の任期は、原則として2年である。ただし、規約で3年以内の別段の期間を定めることもできる。
③任期の満了または辞任によって退任する役員は、後任の役員が就任するまでの間、引き続きその職務を行う。
④解任または転出によって退任する役員には、職務継続義務が生じない。

2 理　事

⑤理事が数人ある場合において、規約に別段の定めがないときは、管理組合法人の事務は、理事の過半数で決する。
⑥理事は、管理組合法人を代表する。理事が数人いる場合は、各自が管理組合法人を代表する。

3 監　事

⑦監事は、理事または管理組合法人の使用人と兼ねてはならない。
⑧管理組合法人と理事との利益が相反する事項については、監事が管理組合法人を代表する。

4 解散・清算

⑨建物が全部滅失した場合、建物に専有部分がなくなった場合、区分所有者及び議決権の各4分の3以上の多数による集会の決議があった場合、管理組合法人は解散する。
⑩管理組合法人が集会の特別決議によって解散する場合、区分所有法3条の団体としての管理組合は、なお存続する。

DATE & RECORD

学習日	月　日	月　日	月　日	月　日
正答数	／7	／7	／7	／7

過去問＋予想問！ 目標4分で答えよう

❑❑❑ 管理組合法人には、必ず理事を置かなければならないが、監事の設置については任意である。[H23-38-3]

☞①答×

❑❑❑ 管理組合法人の理事及び監事の任期は２年であり、この期間は、規約により伸長も短縮もできない。[H26-31-4]

☞②答×

❑❑❑ 理事は、損害保険契約に基づく保険金額の請求及び受領のほか、共用部分等について生じた損害賠償金及び不当利得による返還金の請求及び受領について、区分所有者を代理する。[H26-32-イ]

☞⑥答×

❑❑❑ 管理組合法人が集会を招集する場合、理事が数人いても、そのうちの１人の名で招集通知を発することができる。[H24-31-3]

☞⑥答○

❑❑❑ 管理組合法人の監事は、理事または管理組合法人の使用人と兼ねてはならない。[R01-38-4]

☞⑦答○

❑❑❑ 代表理事が、個人として、管理組合法人名義の土地を購入する場合は、その価格が適正なものであっても、監事が管理組合法人を代表する必要がある。[H27-30-4]

☞⑧答○

❑❑❑ 管理組合法人が、集会の特別決議によって解散する場合には、区分所有法第３条の団体としての管理組合はなお存続する。[H25-36-4]

☞⑩答○

13 義務違反者に対する措置

必ず出る！基礎知識 目標6分で覚えよう

1 共同の利益に反する行為

①管理費・修繕積立金の不払いが長期にわたり、滞納額が多額となり、将来も改善の可能性がない場合や、区分所有者が管理組合の役員を誹謗中傷して管理組合の業務遂行や運営に支障が出る場合は、共同の利益に反する行為となる。

2 義務違反者に対する措置の内容

②区分所有者や占有者に対して、共同の利益に反する行為の停止を要求する訴訟を行う場合は、普通決議が必要となる。その際、弁明の機会を与える必要はない。

③区分所有者に対して、専有部分の使用禁止を請求する訴訟を行う場合は、区分所有者及び議決権の各４分の３以上の多数が必要である。その際、弁明の機会を与える必要がある。

④区分所有者に対して、区分所有権の競売を請求する訴訟を行う場合は、区分所有者及び議決権の各４分の３以上の多数が必要である。その際、弁明の機会を与える必要がある。

⑤占有者（借主等）に対して、引渡しを請求する訴訟を行う場合は、区分所有者及び議決権の各４分の３以上の多数が必要である。その際、占有者に対して弁明の機会を与える必要はあるが、区分所有者（貸主）には弁明の機会を与える必要がない。

⑥各訴訟の提起を決議する集会においては、義務違反者である区分所有者も、議決権を行使することができる。

DATE & RECORD

学習日	月　日	月　日	月　日	月　日
正答数	／5	／5	／5	／5

過去問＋予想問！ 目標4分で答えよう

❑❑❑ 乙マンションの区分所有者が、業務執行に当たっている管理組合の役員らをひぼう中傷等することによって管理組合の業務の遂行や運営に支障を生じさせた場合には、区分所有法に定める「区分所有者の共同の利益に反する行為」に該当する余地がある。
[H27-39-イ] ☞①答○

❑❑❑ 管理者が、マンションの管理または使用に関し区分所有者の共同の利益に反する行為をする区分所有者に対し、その行為を停止するため、訴訟を提起するには、集会の決議が必要である。[H15-40-1] ☞②答○

❑❑❑ 区分所有者に対して、専有部分の使用禁止を請求する訴訟を行う場合、区分所有者及び議決権の各過半数が必要である。[予想問] ☞③答×

❑❑❑ 区分所有法第60条に基づく、占有者に対する引渡し請求をする場合には、当該占有者が占有する専有部分の貸主である区分所有者と借主である占有者の双方に、あらかじめ集会で弁明する機会を与えなければならない。[H28-38-4] ☞⑤答×

❑❑❑ 規約違反の区分所有者に対し違反行為の停止請求の訴訟を提起することを決議する場合でも、その者の議決権行使を認めなければならない。[H23-37-3]
☞⑥答○

---

14 復旧・建替え(1)

必ず出る！基礎知識 目標6分で覚えよう

1 小規模滅失：建物価格の２分の１以下の滅失

①小規模滅失の場合、各区分所有者は、滅失した共用部分を単独で復旧できる。ただし、復旧決議や建替え決議が成立した場合には、単独での復旧はできない。

2 大規模滅失：建物価格の２分の１超の滅失

②大規模滅失の場合、自己の専有部分については単独で復旧できる。

③大規模滅失の場合、集会において区分所有者及び議決権の各４分の３以上の多数で、滅失した共用部分を復旧する旨の決議をすることができる。

④集会の議事録には、決議について各区分所有者の賛否を記載しなければならない。

⑤復旧決議があった場合、その決議の日から２週間を経過したときは、決議賛成者以外の区分所有者は、決議賛成者に対して、建物及び敷地に関する権利を時価で買い取るべきことを請求できる。

⑥買取請求を受けた決議賛成者は、その請求の日から２か月以内に、他の決議賛成者の全部または一部に対し、再買取請求ができる。

⑦復旧決議の日から２週間以内に、決議賛成者全員の合意により買取りできる者を指定した場合、その買取指定者に対してのみ買取請求ができる。

⑧大規模滅失から６か月以内に復旧決議及び建替え決議がない場合、各区分所有者は、他の区分所有者に対して買取請求を行うことができる。

DATE & RECORD

学習日	月　日	月　日	月　日	月　日
正答数	／3	／3	／3	／3

過去問＋予想問！ 目標4分で答えよう

❑❑❑ 建物の価格の2分の1以下に相当する部分が滅失した場合、規約に別段の定めがない限り、滅失した共用部分について、各区分所有者は、その復旧工事に着手するまでに、集会において、滅失した共用部分を復旧する旨の決議、建物の建替え決議または団地内の建物の一括建替え決議があったときは、滅失した共用部分を復旧することができない。[H30-36-1]

☞①答○

❑❑❑ 建物の価格の2分の1を超える部分が滅失した場合、復旧の決議がされた後2週間を経過したときは、復旧の決議に賛成しなかった者（決議非賛成者）は、賛成者（決議賛成者）の全部または一部に対して、その者が有する建物及び敷地に関する権利を時価で買い取るべきことを請求することができる。[H30-36-2]

☞⑤答○

❑❑❑ 大規模滅失した場合、復旧の決議の日から2週間以内に、決議賛成者の全員の合意により買取指定者が指定され、決議非賛成者が、当該買取指定者から書面でその旨の通知を受け取ったときは、以後、決議非賛成者は、その買取指定者に対してのみ、買取請求を行うことができる。[H30-36-3]

☞⑦答○

---

15 復旧・建替え(2)

必ず出る！基礎知識　目標6分で覚えよう

1 建替え

①集会における区分所有者及び議決権の各５分の４以上の多数で、建替え決議をすることができる。

②マンションが全部滅失した場合は、建替え決議をすることができない。

③建替え決議の集会招集通知は、会日の２か月前までに発する。この期間は、規約で伸長することができる。

④建替え決議を会議の目的とする集会の招集通知には、議案の要領のほか、建替えが必要な理由、建替えをしない場合の修繕費用とその内訳、修繕に関する計画が定められている場合にはその計画内容、積み立てられている修繕積立金の金額も、合わせて通知しなければならない。

⑤建替え決議を会議の目的とする集会を招集した者は、集会の会日より少なくとも１か月前までに、説明会を開催しなければならない。この説明会の招集通知は、会日より少なくとも１週間前までに発しなければならない。この期間は、規約で伸長することができる。

⑥建替え決議に賛成しなかった区分所有者に対しては、再考の機会を与えるため、改めて建替え決議に賛成するか否かを回答すべき旨を書面で催告しなければならない。

⑦２か月の再考期間内に回答がない場合は、建替えに参加しない旨を回答したものとみなされる。

⑧建替え参加者は、建替え不参加者に対して、売渡請求をすることができる。

DATE & RECORD

学習日	月　日	月　日	月　日	月　日
正答数	／4	／4	／4	／4

過去問＋予想問！ 目標4分で答えよう

❑❑❑ マンションが全部滅失した場合は、建替え決議をすることができない。[H24-37-3] ☞②答○

❑❑❑ 建替え決議のための集会招集通知は、当該集会の会日より少なくとも2月前までに発しなければならず、また、当該集会の会日より少なくとも1月前までに区分所有者に対する説明会を開催しなければならないが、これらの期間は規約で伸長または短縮することができる。[H15-38-4] ☞③⑤答×

❑❑❑ 建替え決議のための集会招集通知をするときには，その議案の要領のほか，建替えを必要とする理由，建物の建替えをしないとした場合における当該建物の効用の維持または回復（建物が通常有すべき効用の確保を含む）をするのに要する費用の額及びその内訳，建物の修繕に関する計画が定められているときは，当該計画の内容，建物につき修繕積立金として積み立てられている金額をも通知しなければならない。[H15-38-3] ☞④答○

❑❑❑ 建替え決議がなされた場合において、決議に反対した区分所有者は、決議に賛成した区分所有者に対して、建物及びその敷地に関する権利を時価で買い取るべきことを請求することができる。[予想問] ☞⑧答×

16 団　地

必ず出る！基礎知識　目標6分で覚えよう

1　団地と団地管理組合

①区分所有法上の団地は、一団の土地の区域内に数棟の建物があり、その土地または附属施設が、それらの建物の所有者の共有に属している場合に限られる。

②団地建物所有者は、全員で、その団地内の土地、附属施設及び専有部分のある建物の管理を行うため、団地管理組合を当然に構成する。

③団地管理規約は、団地建物所有者及び議決権の各４分の３以上の多数による団地管理組合の集会の決議により、設定・変更・廃止ができる。

④団地建物所有者全員で共有している土地や附属施設は、当然に団地管理組合の管理対象となる。

⑤団地建物所有者全員の共有によらない土地や附属施設、団地内の専有部分のある建物は、団地規約を定めて初めて団地管理組合の管理対象となる。

2　団地内建物の一括建替え決議

⑥一括建替え決議は、団地内の建物の全部が専有部分のある建物である場合に限り、行うことができる。1つでも戸建ての場合には、決議することができない。

⑦一括建替え決議において、区分所有者及び議決権の各５分の４以上の賛成に加えて、各棟それぞれの区分所有者及び議決権の各３分の２以上の賛成が必要である。なお、各棟の建替え決議は不要である。

DATE & RECORD

学習日	月　日	月　日	月　日	月　日
正答数	／4	／4	／4	／4

過去問＋予想問！ 目標4分で答えよう

❑❑❑ 一筆の土地である甲の上に建物A（区分所有建物）、建物B（区分所有建物）、建物C（区分所有建物）、建物D（区分所有建物）が存在する場合において、甲が建物A、建物B、建物C、建物Dの区分所有者全員の共有に属しているときは、団地管理組合が成立する。［H25-31-1］

☞①答○

❑❑❑ 一筆の土地である甲の上に建物A（区分所有建物）、建物B（戸建て住宅）、建物C（戸建て住宅）が存在する場合において、建物A、建物B、建物Cの所有者全員が甲を共有するときは、団地管理組合が成立する。［H25-31-2］

☞①答○

❑❑❑ 四筆の土地である甲、乙、丙、丁の上に、それぞれ、建物A（戸建て住宅）、建物B（戸建て住宅）、建物C（戸建て住宅）、集会所Dが存在する場合において、建物A、建物B、建物Cの所有者全員が集会所Dを共有していたとしても団地管理組合は成立しない。［H25-31-3］

☞①答×

❑❑❑ 団地内建物の一括建替えを行う場合は、団地管理組合の集会において一括建替え決議がなされるのみならず、各棟の建替え決議も必要である。［予想問］

☞⑦答×

第3編

マンション標準管理規約

1 専有部分と共用部分

必ず出る！基礎知識 目標6分で覚えよう

1 専有部分の範囲

①区分所有権の対象となる専有部分は、住戸番号を付した住戸である。

②天井・床・壁は、躯体部分を除く部分（上塗り仕上げ部分等）が専有部分となる。

③玄関扉は、錠及び内部塗装部分が専有部分となる。

④窓枠や窓ガラスは、専有部分に含まれず、共用部分となる。

⑤専有部分の専用に供される設備のうち、共用部分にある部分以外のものは、専有部分となる。

2 共用部分の範囲

⑥パイプスペースは、専有部分に属しない建物の部分である。

⑦メーターボックスは、専有部分に属しない建物の部分である。ただし、メーターボックス内の給湯器ボイラーは、専有部分である。

⑧給水管については、本管から各住戸メーターを含む部分までが共用部分である。

⑨雑排水管及び汚水管については、配管継手（はいかんつぎて）及び立て管（かん）が共用部分である。

⑩インターネット通信設備及び集合郵便受箱は、専有部分に属しない建物の附属物に該当し、共用部分である。

DATE & RECORD

学習日	月　日	月　日	月　日	月　日
正答数	／9	／9	／9	／9

過去問＋予想問！ 目標4分で答えよう

❑❑❑ 区分所有権の対象となる専有部分は、住戸番号を付した住戸である。［予想問］ ☞①答○

❑❑❑ 天井、床及び壁は、躯体の中心線から内側が専有部分である。［H30-38-ア］ ☞②答×

❑❑❑ 玄関扉は、錠及び内部塗装部分のみが専有部分である。［H30-38-イ］ ☞③答○

❑❑❑ 窓枠は専有部分に含まれないが、窓ガラスは専有部分である。［H30-38-ウ］ ☞④答×

❑❑❑ パイプスペースは専有部分に属しない建物の部分に該当し、法定共用部分である。［予想問］ ☞⑥答○

❑❑❑ メーターボックス内の給湯器ボイラー設備は、共用部分である。［H28-32-ア］ ☞⑦答×

❑❑❑ 各住戸の水道メーターは、専有部分である。［H28-32-ウ］ ☞⑧答×

❑❑❑ 雑排水管の配管継手は、共用部分である。［R01-29-イ］ ☞⑨答○

❑❑❑ インターネット通信設備は、専有部分に属しない建物の附属物に該当し、共用部分の範囲に属する。［R01-29-ア］ ☞⑩答○

2 敷地及び共用部分等

必ず出る！基礎知識 目標6分で覚えよう

1 共有持分

①敷地及び共用部分等は、区分所有者の共有とされ、その持分は、専有部分の床面積の割合による。

②標準管理規約では、共用部分の共有持分の割合の基準となる面積は、壁芯計算による。

2 分割請求・単独処分の禁止

③区分所有者は、敷地または共用部分等の分割を請求することはできない。

④区分所有者は、専有部分と敷地及び共用部分等の共有持分とを分離して譲渡・抵当権設定等の処分をしてはならない。ただし、住戸を他の区分所有者または第三者に貸与することは、この禁止にはあたらない。

⑤倉庫または車庫については、他の区分所有者に譲渡する場合を除き、住戸と倉庫または車庫とを分離して譲渡・抵当権設定等の処分をしてはならない。

3 敷地・共用部分等の用法

⑥区分所有者は、敷地及び共用部分等をそれぞれの通常の用法に従って使用しなければならない。通常の用法の具体的内容については、使用細則で定める。

4 敷地・共用部分の第三者の使用

⑦管理組合は、総会の決議を経て、敷地及び共用部分等を第三者に使用（広告塔・看板・携帯電話基地局等）させることができる。

DATE & RECORD

学習日	月　日	月　日	月　日	月　日
正答数	／6	／6	／6	／6

過去問＋予想問！ 目標4分で答えよう

❑❑❑ 標準管理規約によれば、敷地及び共用部分等は、区分所有者の共有とされ、その持分は平等と推定される。［予想問］ ☞①答×

❑❑❑ 共有持分の割合の基準となる面積は、標準管理規約によれば、壁心計算による。［H27-35-3］ ☞②答○

❑❑❑ 標準管理規約によれば、区分所有者は、住戸を他の区分所有者または第三者に貸与してはならない。［予想問］ ☞④答×

❑❑❑ 標準管理規約によれば、車庫が専有部分となっている場合において、住戸と車庫とを分離して譲渡してはならない。ただし、他の区分所有者に譲渡する場合においては、この限りではない。［予想問］ ☞⑤答○

❑❑❑ 区分所有者は、敷地及び共用部分等をそれぞれの通常の用法に従って使用しなければならない。通常の用法の具体的内容については、使用細則で定めるものとする。［予想問］ ☞⑥答○

❑❑❑ 携帯電話基地局設置の申入れがあったため、敷地の一部を電信電話会社に賃貸することは、理事会の決議のみで行うことができない。［H23-33-ア］ ☞⑦答○

3 用　法

必ず出る！基礎知識　目標6分で覚えよう

1 専有部分の用途

①区分所有者は、その専有部分をもっぱら住居として使用するものとし、他の用途に使用してはならない。

2 住宅宿泊事業（民泊）

②専有部分を住宅宿泊事業に使用することが可能か不可能かは、規約で定める。

③禁止する際には、単に住居専用と記すだけでは足りず、住宅宿泊事業を禁止する旨を明確にする必要がある。

3 専用使用権

④専用使用権は、管理のため必要がある範囲内において、他の者の立入りを受けることがある等の制限を伴う。

⑤１階に面する庭について専用使用権を有している者は、管理組合に専用使用料を納入しなければならない。

⑥バルコニー及び屋上テラスが全ての住戸に附属しているのではない場合、別途専用使用料の徴収について規定してもよい。

4 駐車場の使用

⑦区分所有者が自己の専有部分を、他の区分所有者または第三者に譲渡または貸与したときは、その区分所有者の駐車場使用契約は、効力を失う。

⑧管理費・修繕積立金の滞納等の規約違反がある場合、駐車場使用契約を解除できるか、次回の選定時の参加資格を剥奪できる旨の規定を定めることができる。

⑨車両の保管責任については管理組合が負わない旨を規定することが望ましい。

DATE & RECORD

学習日	月　日	月　日	月　日	月　日
正答数	／6	／6	／6	／6

過去問＋予想問！ 目標4分で答えよう

❑❑❑ 標準管理規約によれば、専有部分の用途は、共同利益違反行為を除き、区分所有者の自由であるとしている。［予想問］ ☞①答×

❑❑❑ 専有部分を住宅宿泊事業として使用することを禁止とする場合においては、専有部分の用途を住宅専用である旨を規約に明記しておくだけでは足りない。［R01-36-2］ ☞③答○

❑❑❑ バルコニー及び屋上テラスが全ての住戸に附属しているのではない場合であっても、別途専用使用料の徴収について規定することは許されない。［予想問］ ☞⑥答×

❑❑❑ 駐車場使用者は、その専有部分を他の区分所有者に貸与した場合にあっても、区分所有者である以上、当該駐車場使用契約は効力を失わない。［H25-29-イ］ ☞⑦答×

❑❑❑ 駐車場使用契約には、管理費、修繕積立金の滞納等の規約違反がある場合は次回の選定時の参加資格を剥奪することができる旨の規定を設けることができる。［予想問］ ☞⑧答○

❑❑❑ 駐車場使用契約により使用者から使用料を徴収している以上、管理組合は必ず車両の保管責任を負わなければならない。［H25-29-ア］ ☞⑨答×

4 専有部分の修繕等

必ず出る！基礎知識 目標6分で覚えよう

1 申請・承認を要する修繕等

①区分所有者は、専有部分について、修繕等であって共用部分または他の専有部分に影響を与えるおそれのあるものを行おうとするときは、あらかじめ、理事長にその旨を申請し、書面による承認を受けなければならない。

②区分所有者は、申請の際、設計図・仕様書・工程表を添付した申請書を理事長に提出しなければならない。

③理事長は、申請について、理事会の決議により、その承認または不承認を決定しなければならない。その決議は、理事の過半数の承諾があれば、書面または電磁的方法により行うことができる。

④承認の判断に際して、調査等により特別の費用がかかる場合には、申請者に負担させることが適当である。

⑤老朽化等により、近い将来に建替えが想定される場合、その旨の注意喚起を行うことが望まれる。

2 承認を要しない修繕等

⑥承認を要しない修繕等であっても、資材搬入・騒音・振動・臭気等について、管理組合が事前に把握する必要のあるものを行う場合は、あらかじめ理事長にその旨を届け出なければならない。

3 調査等

⑦理事長またはその指定を受けた者は、必要な範囲内において、修繕等の箇所に立ち入り、必要な調査を行うことができる。区分所有者は、正当な理由がなければ、これを拒否してはならない。

DATE & RECORD

学習日	月　日	月　日	月　日	月　日
正答数	／5	／5	／5	／5

過去問＋予想問！ 目標 4 分で答えよう

❑❑❑ 専有部分についての修繕等であって共用部分または他の専有部分に影響を与えるおそれのあるものを行おうとする場合、区分所有者からの申請に対する承認または不承認の決定については、理事会の決議により決定しなければならない。[H21-37-2] ☞①③答○

❑❑❑ 区分所有者Aが修繕等につき理事長に承認を申請した場合において、これを承認するかどうかの調査に特別な費用を要するときは、理事長は、Aにその費用を負担させることができる。[予想問] ☞④答○

❑❑❑ 管理組合が事前に把握する必要のある資材搬入を行う場合、あらかじめ理事長にその旨を届け出なければならない。[予想問] ☞⑥答○

❑❑❑ 専有部分のユニットバス設置工事の実施について、理事長の指定するマンション管理士がその状況を調査するために設置工事等の箇所への立入りを請求した場合において、区分所有者は、正当な理由がない限りこれを拒否できない。[予想問] ☞⑦答○

❑❑❑ 専有部分の修繕工事に関し、必要な調査を行うため、理事長が修繕箇所への立入りを請求したが、その専有部分の区分所有者がこれを拒否する場合には、正当な理由が必要とされる。[H25-37-1] ☞⑦答○

---

5 管　理 (1)

必ず出る！基礎知識　目標6分で覚えよう

1 敷地及び共用部分等の管理

①バルコニー等の保存行為のうち、通常の使用に伴うもの（例賃借人等による破損）については、専用使用権を有する者が行わなければならない。

②バルコニー等の保存行為のうち、通常の使用に伴わないもの（例第三者の犯罪行為による破損）は、管理組合がその責任と負担において行う。

③バルコニー等の管理のうち、計画修繕等（例手すりの補修塗装工事）に関しては、管理組合がその責任と負担において行わなければならない。

④専有部分である設備のうち、共用部分と構造上一体となった部分（例配管・配線）の管理を、共用部分の管理と一体として行う必要がある場合、総会の普通決議を経て、管理組合が行うことができる。

⑤管理組合が管理を行う場合、費用は管理費を充当できるが、配管の取替え等に要する費用のうち専有部分にかかるものは、各区分所有者が実費に応じて負担するべきとされている。長期修繕計画に取替えについて記載し、規約で規定すれば、修繕積立金から工事費を拠出することもできる。

⑥区分所有者は、通常の使用に伴うもの及び理事長に申請して承認を受けたものを除き、敷地・共用部分等の保存行為を行うことはできない。ただし、専有部分の使用に支障が生じ、緊急を要する場合は、承認を得ずに行うことができる。

DATE & RECORD

学習日	月　日	月　日	月　日	月　日
正答数	／6	／6	／6	／6

過去問＋予想問！ 目標4分で答えよう

❑❑❑ 専有部分の賃借人の不注意により損傷した玄関扉の補修については、賃貸人である区分所有者はその責任と負担を負わない。[H28-29-4] ☞①答×

❑❑❑ 第三者による犯罪行為により損傷した面格子の補修をする場合には、管理組合がその責任と負担で行う。[H28-29-3] ☞②答〇

❑❑❑ バルコニーの手すり補修塗装工事等に関しては、管理組合がその責任と負担において行う。[予想問] ☞③答〇

❑❑❑ 給水管本管と枝管（専有部分であるものを含む）を一体的に取り替える工事を行うには、総会の特別決議が必要である。[H22-33-1] ☞④答×

❑❑❑ 給水管本管と枝管（専有部分であるものを含む）を一体的に取り替える工事を総会で決議した場合も、配管の取替え等に要する費用のうち、専有部分に係るものについては、各組合員が実費に応じて負担するべきである。[H22-33-3] ☞⑤答〇

❑❑❑ 区分所有者は、専有部分の使用に支障が生じ、緊急を要する場合であっても、理事会の承認を得ずに、敷地・共用部分等の保存行為を行うことはできない。[予想問] ☞⑥答×

6 管理(2)

必ず出る！基礎知識 目標6分で覚えよう

1 必要箇所への立入り

①管理者は、管理を行うために必要な範囲内において、他の者が管理する専有部分または専用使用部分への立入りを請求することができる。

②立入りを請求された者は、正当な理由がなければ、これを拒否してはならない。

③正当な理由なく立入りを拒否した者は、その結果生じた損害を賠償しなければならない。

④理事長は、災害・事故等が発生した場合であって、緊急に立ち入らなければならない事情があるときは、専有部分または専用使用部分に自ら立ち入り、または委任した者に立ち入らせることができる。

⑤緊急時に専有部分や専用使用部分に立入りをした者は、速やかに立入りをした箇所を原状に復さなければならない。

2 損害保険

⑥区分所有者は、共用部分等に関し、管理組合が火災保険、地震保険その他の損害保険の契約を締結することを承認する。

⑦理事長は、損害保険の契約に基づく保険金額の請求及び受領について、区分所有者を代理する。

DATE & RECORD

学習日	月　日	月　日	月　日	月　日
正答数	／4	／4	／4	／4

過去問＋予想問！ 目標4分で答えよう

❑❑❑ 給水管本管と枝管（専有部分であるものを含む）を一体的に取り替える工事を総会で決議した場合には、管理組合は、当然に組合員の居室に立ち入ることができる。[H22-33-2] ☞①答×

❑❑❑ 敷地及び共用部分等の管理の必要性がある場合に、管理を行う者から、専有部分への立入りを請求された区分所有者は、正当な理由なく立入りを拒否したときは、その結果生じた損害を賠償しなければならない。[H28-35-2] ☞③答○

❑❑❑ 災害、事故等が発生した場合であって、緊急に立ち入らないと共用部分等または他の専有部分に対して物理的にまたは機能上重大な影響を与えるおそれがあるときは、理事長は、当該専有部分の区分所有者の承諾がなくても、自ら立ち入り、または委任した者に立ち入らせることができる。[H28-35-3] ☞④答○

❑❑❑ 理事長（区分所有法で定める管理者）は、共用部分に係る損害保険契約に基づく保険金の請求及び受領について、区分所有者を代理する。[H26-42-3] ☞⑦答○

7 管　理 (3)

必ず出る！基礎知識　目標6分で覚えよう

1 管理費等

①区分所有者は、敷地及び共用部分等の管理に要する経費に充てるため、管理費と修繕積立金を管理組合に納入しなければならない。

②管理費等の額については、各区分所有者の共用部分の共有持分に応じて算出する。使用頻度等は勘案しない。

③管理費は、通常の管理に要する経費に充当する。

例 共用設備の保守維持費及び運転費・火災保険料・損害保険料・管理組合の運営に要する費用

④修繕積立金は、特別の管理に要する経費に充当する。

例 一定年数の経過ごとに計画的に行う修繕・不測の事故その他特別な理由により必要となる修繕

⑤修繕積立金は、管理費と区分して経理しなければならない。

2 使　用　料

⑥駐車場使用料その他の敷地及び共用部分等に係る使用料は、それらの管理に要する費用に充てるほか、修繕積立金として積み立てる。

3 コミュニティ活動に関する費用

⑦自治会・町内会等への加入を希望しない者からは、自治会費・町内会費等の徴収を行わない。

⑧一部の者のみに対象が限定されるクラブやサークル活動費、親睦を目的とする飲食の経費等を管理費から支出するのは、不適切である。

DATE & RECORD

学習日	月　日	月　日	月　日	月　日
正答数	／8	／8	／8	／8

過去問＋予想問！ 目標4分で答えよう

❏❏❏ 管理費等の額については、各区分所有者の共用部分の共有持分に応じて算出するものとされている。[H17-12-1] ☞②答○

❏❏❏ 管理費等の負担割合を定めるに当たっては、共用部分の使用頻度も勘案する。[H24-12-4] ☞②答×

❏❏❏ 共用設備の保守、維持に要する経費は、修繕積立金を取り崩して充当することができる。[H22-12-4] ☞③答×

❏❏❏ 共用部分に係る火災保険料その他の損害保険料は、管理費から充当する。[H16-39-2] ☞③答○

❏❏❏ 不測の事故その他特別の事由により必要となる修繕の費用は、管理費から支出しなければならない。[H13-28-2] ☞④答×

❏❏❏ 修繕積立金は、管理費とは区分して経理しなければならない。[H16-31-3] ☞⑤答○

❏❏❏ 駐車場使用料収入は、当該駐車場の管理に要する費用に充てるほか、修繕積立金として積み立てる。[R4-13-2] ☞⑥答○

❏❏❏ 各居住者が、各自の判断で自治会、町内会等に加入する場合に支払う自治会費、町内会費等の支払いについては、管理費からの支出は認められない。[H20-14-3] ☞⑦答○

8 管理組合(1)

必ず出る！基礎知識 目標6分で覚えよう

1 長期修繕計画の作成

①管理組合が作成する長期修繕計画は、計画期間が30年以上で、かつ大規模修繕工事が2回含まれる期間以上とする必要がある。

②計画修繕の対象となる工事としては、外壁補修・屋上防水・給排水管取替え・窓及び玄関扉等の開口部の改良等があげられる。部位ごとに修繕周期・工事金額等が定められている必要がある。

③長期修繕計画の内容については、定期的な（おおむね5年ごとに）見直しをすることが必要である。

④管理組合は、長期修繕計画の作成・変更及び修繕工事の実施の前提として、劣化診断（建物診断）を併せて行う必要がある。

2 劣化診断（建物診断）の費用の支出

⑤長期修繕計画の作成・変更に要する経費及び長期修繕計画の作成等のための劣化診断（建物診断）に関する経費は、管理費または修繕積立金のどちらからでも充当できる。

⑥修繕工事の前提としての劣化診断（建物診断）に要する経費は、修繕工事の一環としての経費であるため、原則として修繕積立金から取り崩す。

DATE & RECORD

学習日	月　日	月　日	月　日	月　日
正答数	／6	／6	／6	／6

過去問＋予想問！ 目標4分で答えよう

❑❑❑ 長期修繕計画の計画期間は、25年程度以上であることが最低限必要である。[H21-26-1] ☞①答×

❑❑❑ 計画修繕の対象となる工事として、外壁補修、屋上防水、給排水管取替え、窓及び玄関扉等の開口部の改良等が掲げられ、各部位ごとに修繕周期、工事金額等が定められていることが必要である。[H25-27-2] ☞②答○

❑❑❑ 長期修繕計画の内容については、定期的に（おおむね5年程度ごとに）見直しをするものとすることは、標準管理規約の定めによれば、適切である。[H13-29-4] ☞③答○

❑❑❑ 長期修繕計画の作成または変更及び修繕工事の実施の前提として、劣化診断（建物診断）を管理組合として併せて行うことが必要である。[H25-27-3] ☞④答○

❑❑❑ 長期修繕計画の作成等のための劣化診断（建物診断）に要する経費の充当については、管理組合の財政状態等に応じて管理費または修繕積立金のどちらからでも取り崩すことができる。[H22-12-2] ☞⑤答○

❑❑❑ 修繕工事の前提としての劣化診断（建物診断）に要する経費は、原則として修繕積立金を取り崩して支払わなければならない。[H23-12-2] ☞⑥答○

9 管理組合(2)

必ず出る！基礎知識 目標6分で覚えよう

1 役員

①理事・監事は、組合員の中から、総会で選任する。組合員であればよく、当該マンションに居住しているか否かは問わない。

②理事長・副理事長・会計担当理事は、理事の中から理事会で選任する。

③役員を組合員の中からのみ選任する場合、役員が組合員でなくなったときは、その地位を失う。

④外部専門家を役員として選任できることとする場合、選任の時に組合員であった役員が組合員でなくなったときは、その役員はその地位を失う。

2 役員の欠格要件

⑤精神の機能の障害により役員の職務を適正に施行するに当たって必要な認知・判断及び意思疎通を適切に行うことができない者、破産者で復権を得ない者は、役員となることができない。

⑥禁錮以上の刑に処せられ、その執行を終わり、またはその執行を受けることがなくなった日から5年を経過しない者は、役員となることができない。

⑦暴力団員等（暴力団員、または暴力団員でなくなった日から5年を経過しない者）は、役員となることができない。

3 利益相反行為

⑧役員が利益相反行為をしようとするときは、理事会において、当該取引につき重要な事実を開示し、その承認を受けなければならない。

DATE & RECORD

学習日	月　日	月　日	月　日	月　日
正答数	／7	／7	／7	／7

過去問＋予想問！ 目標4分で答えよう

❑❑❑ 甲マンションに居住している組合員Aが死亡し、同居する妻Bと、甲マンションの近隣に住む子Cが共同相続した場合、Cは、甲マンションに現に居住している組合員ではないので、管理組合の役員になることはできない。[H30-30-4] ☞①答×

❑❑❑ 理事長、副理事長、会計担当理事、監事は、理事の中から理事会で選任する。[予想問] ☞①②答×

❑❑❑ 役員を組合員の中からのみ選任する場合、役員が組合員でなくなったときは、その地位を失う。[予想問] ☞③答○

❑❑❑ 外部専門家を役員として選任できることとする場合、選任の時に組合員であった役員が組合員でなくなったときは、その役員はその地位を失う。[予想問] ☞④答○

❑❑❑ 破産者で復権を得ない者は、管理組合の役員となることができない。[予想問] ☞⑤答○

❑❑❑ 暴力団員である者または暴力団員でなくなった日から5年を経過しない者は、管理組合の役員となることができない。[H30-35-4] ☞⑦答○

❑❑❑ 理事が利益相反行為をしようとするときは、理事会において、当該取引につき重要な事実を開示し、その承認を受けなければならない。[予想問] ☞⑧答○

10 管理組合⑶

必ず出る！基礎知識　目標6分で覚えよう

1 理　事

①理事長は、理事会の承認を得て、職員を採用・解雇することができる。

②理事長は、通常総会において、組合員に対し、前年度会計における管理組合の業務の執行に関する報告をしなければならない。

③理事長は、理事会の承認を受けて、他の理事に、その職務の一部を委任することができる。

④管理組合と理事長との利益が相反する事項については、理事長は代表権を有しない。この場合、監事または理事長以外の理事が管理組合を代表する。

⑤副理事長は、理事長を補佐し、理事長に事故があるときはその職務を代理し、理事長が欠けたときはその職務を行う。

2 監　事

⑥監事は、管理組合の業務の執行及び財産の状況を監査し、その結果を総会に報告しなければならない。

⑦監事は、管理組合の業務の執行及び財産の状況について不正があると認めるときは、臨時総会を招集することができる。その際、理事長の承認は不要である。

⑧監事は、理事会に出席し、必要があると認めるときは、意見を述べなければならない。ただし、監事が出席しなかったとしても、理事会決議等の有効性には影響しない。

DATE & RECORD

学習日	月　日	月　日	月　日	月　日
正答数	／8	／8	／8	／8

過去問＋予想問！ 目標 4 分で答えよう

❑❑❑ 理事長が管理組合の業務の遂行に際し、職員を採用し、または解雇するには、理事会の承認を必要とする。[H29-32-1] ☞①答○

❑❑❑ 理事長が他の理事に、その職務の一部を委任するには、理事会の承認が必要である。[H29-32-2] ☞③答○

❑❑❑ 副理事長は、理事長に事故があるときは、その職務を代理し、理事長が欠けたときは、その職務を行う。[H26-37-エ] ☞⑤答○

❑❑❑ 副理事長は、総会を招集しなければならない場合がある。[H16-29-3] ☞⑤答○

❑❑❑ 監事は、管理組合の業務の執行及び財産の状況を監査し、その結果を総会に報告しなければならない。[H29-13-エ] ☞⑥答○

❑❑❑ 監事は、管理組合の業務の執行と財産の状況を監査し、その結果を総会に報告するために通常総会を招集することができる。[H23-29-3] ☞⑦答×

❑❑❑ 監事は、理事長に総会の招集を請求できる場合があるが、自ら総会を招集できる場合はない。[H16-29-2] ☞⑦答×

❑❑❑ 監事は、理事会に出席し、必要があると認めるときは、意見を述べなければならない。[R4-12-3] ☞⑧答○

11 総　会⑴

必ず出る！基礎知識　目標6分で覚えよう

1 総　　会

①理事長は、通常総会を毎年1回、新会計年度開始以後2か月以内に招集しなければならない。

②理事長は、必要と認める場合には、理事会の決議を経て、いつでも臨時総会を招集することができる。

③総会の議長は、理事長が務める。

2 招集手続と決議事項

④総会を招集するには、少なくとも会議を開く日の２週間前（会議の目的が建替え決議またはマンション敷地売却決議の場合は２か月前）に、会議の日時・場所・目的を示して、組合員に通知を発しなければならない。

⑤緊急の場合には、理事長は、理事会の承認を得て、５日間を下回らない範囲で通知期限を短縮できる。

⑥組合員が、組合員総数の５分の１以上及び議決権総数の５分の１以上に当たる組合員の同意を得て、会議の目的を示して総会の招集をした場合、理事長は、２週間以内に、その請求があった日から４週間以内の日を会日とする臨時総会の招集の通知を発しなければならない。

⑦理事長が上記⑥の通知を発しない場合、招集請求をした組合員は、臨時総会を招集することができる。

⑧建替え決議またはマンション敷地売却決議を目的とする総会を招集する場合、少なくとも会議を開く日の１か月前までに、当該招集の際に通知すべき事項について組合員に対し説明を行うための説明会を開催しなければならない。

DATE & RECORD

学習日	月　日	月　日	月　日	月　日
正答数	／6	／6	／6	／6

過去問＋予想問！ 目標4分で答えよう

❑❑❑ 理事長は、毎年１回通常総会を招集しなければならない。［H16-29-1］ ☞①答○

❑❑❑ 理事長は、必要と認める場合には、理事長の権限で臨時総会を招集することができる。［R2-13-ア］ ☞②答×

❑❑❑ 標準管理規約では、総会を招集するには、少なくとも会議を開く日の１週間前に、会議の日時、場所及び目的を示して、組合員に通知を発しなければならないとされている。［予想問］ ☞④答×

❑❑❑ 理事長は、緊急を要する場合には、理事会の承認を得て、５日を下回らない範囲において、総会の招集の通知を発することができる。［予想問］ ☞⑤答○

❑❑❑ 組合員が、組合員総数の５分の１以上及び議決権総数の５分の１以上に当たる組合員の同意を得て、会議の目的を示して総会の招集をした場合、理事長は、１週間以内に、その請求があった日から２週間以内の日を会日とする臨時総会の招集の通知を発しなければならない。［予想問］ ☞⑥答×

❑❑❑ 建替え決議またはマンション敷地売却決議を目的とする総会を招集する場合、少なくとも会議を開く日の１週間前までに、当該招集の際に通知すべき事項について組合員に対し説明を行うための説明会を開催しなければならない。［予想問］ ☞⑧答×

12 総 会 (2)

必ず出る！基礎知識 目標6分で覚えよう

1 総会の会議及び議事

①総会の会議は、議決権総数の半数以上を有する組合員が出席しなければならない。

②総会の議事は、出席組合員の議決権の過半数で決する。

③規約の設定・変更・廃止は、組合員総数及び議決権総数の各４分の３以上で決する。

④規約の設定・変更・廃止が一部の組合員の権利に特別の影響を及ぼすときは、その承諾を得なければならない。この場合において、その組合員は、正当な理由がなければ、これを拒否してはならない。

⑤敷地及び共用部分の変更が、専有部分または専用使用部分の使用に特別の影響を及ぼすべきときは、その専有部分を所有する組合員またはその専用使用部分の専用使用を認められている組合員の承諾を得なければならない。この場合において、その組合員は、正当な理由がなければ、これを拒否してはならない。

⑥窓枠・窓ガラス・玄関扉等の一斉交換工事や、不要となった高置水槽の撤去工事などは、普通決議により実施可能と考えられる。

⑦エレベーターを新たに設置する工事については、特別多数決議により実施可能と考えられる。

⑧集会室・駐車場・駐輪場の増改築工事で、大規模なものや著しい加工を伴うものは、特別多数決議により実施可能と考えられる。

DATE & RECORD

学習日	月　日	月　日	月　日	月　日
正答数	／6	／6	／6	／6

過去問＋予想問！ 目標4分で答えよう

❑❑❑ 住戸数100戸、うち2戸を所有する区分所有者が2名おり、3名の共有名義の住戸が1つあるマンションの総会は、議決権51以上を有する組合員が出席しなければ成立しない。なお、議決権については1住戸1議決権の定めがあるものとする。[H20-31-1]

☞①答×

❑❑❑ 標準管理規約では、総会の議事は、区分所有者数及び議決権の各過半数で決するとしている。[予想問]

☞②答×

❑❑❑ 規約の設定・変更・廃止が一部の組合員の権利に特別の影響を及ぼすときは、その承諾を得なければならない。この場合において、その組合員は、正当な理由がなくとも、拒否することができる。[予想問]

☞④答×

❑❑❑ 玄関扉の一斉交換工事や不要になった高置水槽の撤去工事は、特別多数決議が必要である。[H20-32-ウ]

☞⑥答×

❑❑❑ 階段室部分を改造してエレベーターを新設する工事は、総会の普通決議で行うことができない。[H17-33-1]

☞⑦答○

❑❑❑ マンションの地下に設けられた駐輪場を、壁と扉を設置して、災害用の備蓄倉庫とすることは、総会の普通決議で行うことができない。[H30-29-1] ☞⑧答○

13 総 会（3）

必ず出る！基礎知識 目標6分で覚えよう

1 議決事項

①総会では、招集通知によりあらかじめ通知した事項についてのみ決議することができる。

②管理費等及び使用料の額並びに賦課徴収方法については、総会の決議を経なければならない。

③規約及び使用細則等の制定・変更・廃止については、総会の決議を経なければならない。

④長期修繕計画の作成・変更については、総会の決議を経なければならない。

⑤特別の管理の実施並びにそれに充てるための資金の借入れ及び修繕積立金の取崩しについては、総会の決議を経なければならない。

2 議事録の作成・保管等

⑥議長は、総会の議事について、書面または電磁的記録により議事録を作成しなければならない。

⑦議事録には、議事の経過の要領及びその結果を記載し、議長及び議長の指名する2名の総会に出席した組合員が、これに署名をしなければならない。

⑧理事長は、議事録を保管し、組合員または利害関係人の書面または電磁的記録による請求があったときは、議事録の閲覧をさせなければならない。この場合において、閲覧につき、相当の日時、場所等を指定することができる。

⑨理事長は、所定の掲示場所に、議事録の保管場所を掲示しなければならない。

DATE & RECORD

学習日	月　日	月　日	月　日	月　日
正答数	／7	／7	／7	／7

過去問＋予想問！ 目標4分で答えよう

❑❑❑ 総会の議長が、あらかじめ通知した議案ではないが緊急動議が出たため、これを取り上げ採決したことは、適切である。[H18-35-3]　☞①答×

❑❑❑ 専用使用権の設定された1階に面する庭（専用庭）の使用料は、総会の決議により値上げすることができる。[H30-32-2]　☞②答○

❑❑❑ 使用細則の制定または変更は、理事会の決議のみで行うことができない。[H22-36-3]　☞③答○

❑❑❑ 長期修繕計画の作成または変更を行うには、総会の決議は必要ではない。[H20-37-4]　☞④答×

❑❑❑ 管理組合は、特別の管理に要する経費に充当するため、必要な範囲内において、借入れをすることができるが、それには総会の決議を経なければならない。[H19-12-3]　☞⑤答○

❑❑❑ 総会の議長が、総会の議事録に、議長の指名する3名の総会出席者に署名をさせたが、議長本人は、署名をしなかったことは、適切である。[H18-35-4 改]　☞⑦答×

❑❑❑ 理事長は、議事録を保管し、組合員の書面による請求があったときは、議事録の閲覧をさせなければならない。[予想問]　☞⑧答○

14 理事会

必ず出る！基礎知識　目標6分で覚えよう

1 理事会

①緊急を要する場合、理事長は、理事及び監事の全員の同意を得て、5日間を下回らない範囲で理事会の招集期間を短縮できる。また、理事会で、理事会の招集手続について別段の定めをすることもできる。

②理事会は、理事の半数以上が出席しなければ開くことができず、その議事は出席理事の過半数で決する。

③理事会には、理事本人が出席して議決権を行使するのが原則である。規約において理事の代理出席を認める旨の明文規定がない場合、これを認めることは適当でない。

④理事に事故があり、理事会に出席できない場合は、その配偶者・1親等の親族に限り代理出席を認める旨の規約の定めは、有効である。ただし、外部専門家の理事については、代理出席を認めるのは不適当である。

⑤議決権行使書による議決権の行使は、規約の明文の規定で定めることが必要である。

⑥理事の過半数の承諾がある場合、専有部分の修繕、敷地及び共用部分の保存行為、窓ガラス等の改良工事に関するものは、例外的に書面または電磁的方法で決議をすることができる。

⑦理事会の決議について特別の利害関係を有する理事は、議決に加わることができない。

2 議事録

⑧理事長には、理事会の議事録の保管場所を掲示する義務はない。

学習日	月　日	月　日	月　日	月　日
正答数	／6	／6	／6	／6

過去問＋予想問！ 目標4分で答えよう

❑❑❑ 緊急を要する場合、理事長は、理事の同意を得れば、監事の同意を得なくても、５日間を下回らない範囲で期間を短縮することができる。［予想問］ ☞①答×

❑❑❑ 理事会の会議は、理事の半数以上が出席しなければ開くことができず、その議事は出席理事の過半数で決するものとすることは、適切である。［H21-38-エ］ ☞②答○

❑❑❑ 病気で入院中の理事がいたので、その理事に代わって、その理事の配偶者に、理事会への出席と決議への参加を求めたことは適切である。なお、理事の代理出席を認める旨の明文規定はない。［R3-31-4］ ☞③答×

❑❑❑ 専有部分の改良工事の申請について、理事会に出席できない理事がいたため、電磁的方法による決議をしようとしたとき、監事は電磁的方法について反対したが、理事の過半数の承諾があったので、当該申請について電磁的方法により理事会で決議したことは適切である。［R3-31-3］ ☞⑥答○

❑❑❑ 理事長が、自己の経営する会社のために管理組合と取引をしようとする場合において、当該取引の承認について、理事長は、理事会の議決に加わることができない。［R01-31-2］ ☞⑦答○

❑❑❑ 理事長は、理事会の議事録について、その保管場所を掲示しなければならない。［H14-40-4］ ☞⑧答×

---

15 会　計

必ず出る！基礎知識　目標6分で覚えよう

1 収支予算の作成及び変更

①理事長は、毎会計年度の収支予算案を通常総会に提出し、その承認を受けなければならない。

②収支予算を変更しようとするときは、理事長は、その案を臨時総会に提出し、その承認を受けなければならない。

③理事長は、会計年度の開始後、通常総会の承認を得るまでの間に、通常の管理に要する経費のうち、経常的であり、かつ、通常総会の承認を得る前に支出することがやむを得ないと認められるものについては、理事会の承認を得てその支出を行うことができる。

2 会計報告

④理事長は、毎会計年度の収支決算案を、監事の会計監査を経て、通常総会に報告し、その承認を得なければならない。

3 管理費等の過不足

⑤収支決算の結果、管理費に余剰を生じた場合には、その余剰は、翌年度における管理費に充当する。

⑥管理費等に不足を生じた場合、管理組合は組合員に対して、各区分所有者の共用部分の共有持分に応じて算出した管理費等の負担割合により、その都度必要な金額の負担を求めることができる。その際、理事会の決議は不要である。

DATE & RECORD

学習日	月　日	月　日	月　日	月　日
正答数	／5	／5	／5	／5

過去問＋予想問！ 目標4分で答えよう

❑❑❑ 理事長は、毎会計年度の収支予算案を通常総会に提出し、その承認を得なければならない。[H30-12-1]

☞①答○

❑❑❑ 理事長は、管理組合の会計年度の開始後、通常総会において収支予算案の承認を得るまでの間に、通常の管理に要する経費のうち、経常的であり、かつ、通常総会において収支予算案の承認を得る前に支出することがやむを得ないと認められるものについては、理事会の承認を得て支出を行うことができ、当該支出は収支予算案による支出とみなされる。[R4-13-1]

☞③答○

❑❑❑ 管理組合の理事長は、毎会計年度の収支決算案を監事の会計監査を経て、通常総会に報告し、その承認を得なければならない。[H26-13-3]

☞④答○

❑❑❑ 管理組合は、収支決算の結果、管理費に余剰が生じた場合、区分所有者から返還の求めがあるときは、負担割合に応じて返還することができる。[H27-34-ウ]

☞⑤答×

❑❑❑ 収支決算の結果、管理費等に不足が生じた場合には、管理組合は各区分所有者に対して、共用部分の共有持分に応じて、その都度必要な金額の負担を求めることができるが、それには理事会の決議を経なければならない。[H19-12-1]

☞⑥答×

---

16 標準管理規約（団地型）

必ず出る！基礎知識 目標6分で覚えよう

1 管理費・修繕積立金

①団地修繕積立金・各棟修繕積立金の取崩しは、どちらも団地総会の決議で行う。棟総会の決議は不要である。

②土地・附属施設・団地共用部分の一定年数の経過ごとに計画的に行う修繕については、団地修繕積立金から支出する。

③駐車場使用料その他の土地及び共用部分に係る使用料は、それらの管理に要する費用に充てるほか、団地建物所有者の土地の共有持分に応じて、棟ごとに各棟修繕積立金として積み立てる。

2 棟総会

④棟総会は、団地総会では決議できず各棟において決議すべきもの（例義務違反者に対する措置・復旧建替え）を決議する。

⑤棟総会の議事は、原則として、その棟の区分所有者総数及び議決権総数の各４分の３以上で決する。

⑥棟総会は、毎年招集するとはされていない。

⑦建替え等に係る合意形成に必要となる事項の調査の実施及びその経費に充当する場合の各棟修繕積立金の取崩しは、棟総会の決議を経なければならない。

DATE & RECORD

学習日	月　日	月　日	月　日	月　日
正答数	／6	／6	／6	／6

過去問＋予想問！ 目標 4 分で答えよう

❑❑❑ A棟の外壁の補修工事を行う場合、団地総会の決議のみでA棟の修繕積立金を取り崩すことができる。[H27-32-1]
☞①答○

❑❑❑ 修繕積立金の保管及び運用方法については、団地修繕積立金は団地総会の決議を、各棟修繕積立金は各棟総会の決議を、それぞれ経なければならない。[H27-32-3]
☞①答×

❑❑❑ A棟の外壁タイル剥離の全面補修工事の実施及びそれに充てるためのA棟の各棟修繕積立金の取崩しには、A棟の棟総会の決議が必要である。[H29-31-1]
☞①答×

❑❑❑ B棟の区分所有者が、専有部分を暴力団事務所として利用することを止めない場合、区分所有法第59条の競売請求の訴訟を提起するには、団地総会の決議を経なければならない。[H27-32-2]
☞④答×

❑❑❑ B棟の建替えに係る合意形成に必要となる事項の調査の実施及びその経費に充当するためのB棟の各棟修繕積立金の取崩しには、B棟の棟総会の決議が必要である。[H29-31-2]
☞④⑦答○

❑❑❑ 建物の一部が滅失した場合の滅失した棟の共用部分の復旧については、棟総会の決議のみで復旧ができる。[R01-30-4]
☞④答○

第4編

その他法令

1 宅地建物取引業法(1)

必ず出る！基礎知識　目標6分で覚えよう

1 宅建業について

①宅建業者の事務所には、5人に1人の割合で、成年者である専任の宅地建物取引士（宅建士）を設置しなければならない。

2 契約前の業務

②宅建業者は、マンションの建築に関する工事完了前においては、その工事に関して必要とされる開発許可・建築確認等があった後でなければ、その売買の広告や媒介契約をしてはならない。

③宅建業者は、契約前に、買主や借主に対し、重要事項説明書（35条書面）を交付しなければならない。相手方の承諾があれば、電磁的方法による提供もできる。この書面には、宅建士が記名しなければならない。その宅建士は、専任である必要はない。

④宅建業者は、契約前に、買主や借主に対し、宅建士に重要事項の説明をさせなければならない。

3 契約後の業務

⑤宅建業者は、契約成立後遅滞なく、契約の両当事者に対して、契約内容を記した書面（37条書面）を交付しなければならない。両当事者の承諾があれば、電磁的方法による提供もできる。この書面には、宅建士が記名しなければならない。

⑥宅建業者は、代理・媒介に関して受けることのできる報酬額の上限が定まっており、この額を超えて報酬を受領してはならない。

DATE & RECORD

学習日	月　日	月　日	月　日	月　日
正答数	／4	／4	／4	／4

過去問＋予想問！ 目標4分で答えよう

❑❑❑ 宅地建物取引業者Aがマンションの売買の媒介をする場合において、Aは、マンションが建築に関する工事の完了前である場合は、当該工事に必要な開発許可、建築確認その他政令で定める許可等の処分があった後でなければ、当該マンションの売買の媒介をしてはならない。[H17-40-4]

☞②答○

❑❑❑ 宅地建物取引業者Aが自ら売主として、買主Bにマンションの販売を行う場合において、Aは、Bの承諾が得られたため、宅地建物取引士に口頭で重要事項の説明を行わせ、重要事項説明書の交付を行わなかったことは、宅地建物取引業法第35条の規定に違反しない。[H23-40-1]

☞③答×

❑❑❑ 宅地建物取引業者Aが、自ら売主として、宅地建物取引業者ではないBを買主として、マンションの住戸の売買を行う場合、AがBに対して交付する重要事項説明書に記名する宅地建物取引士は、専任の宅地建物取引士である必要はない。[R2-45-4改]

☞③答○

❑❑❑ 宅地建物取引業者Aが中古マンションの売買の媒介をする場合、Aが当該マンションの売買の媒介に関して受ける報酬の額は、依頼者との間で、自由に設定することができるが、媒介契約を締結した際、遅滞なく、当該報酬に関する事項を記載した書面を作成して記名し、依頼者に交付しなければならない。
[H20-40-1改]

☞⑥答×

---

2 宅地建物取引業法(2)

必ず出る！基礎知識 目標6分で覚えよう

1 媒介・代理契約

①一般媒介契約は、他の宅建業者にも重ねて依頼できるのに対して、専任媒介契約・専属専任媒介契約は、他の宅建業者に重ねて依頼することができない。

②専任媒介契約・専属専任媒介契約の有効期間は、3か月を超えてはならない。依頼者からの申し出があれば更新できるが、自動更新する旨の特約を設定することはできない。

③専任媒介契約においては2週間に1回以上、専属専任媒介契約においては1週間に1回以上、依頼者に対して業務処理状況の報告をしなければならない。

④専任媒介契約においては契約締結から7日以内、専属専任媒介契約においては契約締結から5日以内に、指定流通機構（レインズ）へ登録をしなければならない。

2 媒介契約書面

⑤宅建業者は、売買・交換の媒介契約が成立した際は、遅滞なく、依頼者に対して媒介契約書面を交付しなければならない。依頼者の承諾があれば、電磁的方法による提供もできる。これに対し、貸借の媒介契約の場合、書面の交付義務はない。

⑥媒介契約書には、その書面が国土交通大臣の定めた標準媒介契約約款に基づくものか否かの別を記載しなければならない。

DATE & RECORD

学習日	月　日	月　日	月　日	月　日
正答数	／5	／5	／5	／5

過去問＋予想問！ 目標4分で答えよう

❏❏❏ 宅地建物取引業者Aが、あるマンションの一住戸の所有者Bからその住戸の売却の媒介依頼を受け、Bと専任媒介契約を締結した場合において、AがBとの間で有効期間を3月とする媒介契約を締結する際、有効期間の更新について、3月を超えない期間であれば自動更新する旨の特約を定めることができる。[H26-45-1]

☞②答×

❏❏❏ 宅地建物取引業者Aが、あるマンションの一住戸の所有者Bからその住戸の売却の媒介依頼を受け、Bと専任媒介契約を締結した場合において、AがBに対して、当該媒介契約に係る業務の処理状況を7日に1回以上報告するという特約は無効である。[H26-45-4]

☞③答×

❏❏❏ 宅建業者は、専属専任媒介契約を締結した際には、契約締結から7日以内に、指定流通機構へ登録をしなければならない。[予想問]

☞④答×

❏❏❏ 宅建業者は、貸借の媒介契約が成立した際は、遅滞なく、依頼者に対して媒介契約書面を交付しなければならない。[予想問]

☞⑤答×

❏❏❏ 媒介契約書が国土交通大臣の定めた標準媒介契約約款に基づくものである場合であっても、その旨を記載しなければならない。[予想問]

☞⑥答○

3 宅地建物取引業法(3)

必ず出る！基礎知識　目標6分で覚えよう

1 重要事項説明の説明事項

①飲用水・電気・ガス等の供給施設、排水施設の整備状況については、重要事項説明書に記載しなければならない。

②石綿（アスベスト）の使用の有無の調査結果が記録されているときは、その内容を説明しなければならない。調査結果がない場合、その旨を知らせればよく、宅建業者が調査することまでは求められていない。

③建物が耐震診断を受けたものであるときは、その内容を説明しなければならない。ただし、昭和56年6月1日以降に新築工事に着手したものは除く。

④専有部分や共用部分の利用制限に関する規約の定めは、説明しなければならない。規約がまだ案の段階であっても、その案を記載しなければならない。

⑤物件の引渡時期・移転登記の申請時期などは、説明事項ではない。

2 契約不適合責任の特約制限

⑥宅建業者が自ら売主となる宅建業者でない者との間の売買契約においては、原則として、民法の規定よりも買主に不利な特約を設定することができない。

⑦契約不適合責任に関する権利の行使期間については、特約で、引渡しの日から2年以上と定めることもできる。

⑧民法の規定よりも不利な特約を設定した場合、その特約は無効となり、民法の規定が適用される。

DATE & RECORD

学習日	月　日	月　日	月　日	月　日
正答数	／4	／4	／4	／4

過去問＋予想問！ 目標4分で答えよう

❑❑❑ 宅地建物取引業者Aが自ら売主として、宅地建物取引業者ではないBとの間で、マンションの住戸の売買を行う場合、AB間の売買において、Aは、飲用水、電気及びガスの供給並びに排水のための施設の整備の状況について、これらの施設が整備されていない場合、これら施設の整備に関して説明する必要はない。[H29-45-1]

☞①答×

❑❑❑ 宅地建物取引業者Aは、当該マンションについて、石綿の使用の有無を買主に説明するために、自らその調査を行わなければならない。[R3-45-2] ☞②答×

❑❑❑ 宅地建物取引業者が、マンションの販売を行う場合、当該マンションの共用部分に関する規約が案の状態であったため、その案についての説明を行わなかったことは、宅地建物取引業法第35条の規定に違反しない。[H19-40-4]

☞④答×

❑❑❑ マンションの1住戸の売買の際に、宅地建物取引業者が、宅地建物取引業法第35条の規定に基づく重要事項の説明を行う場合、新築マンションの売買においては、所有権の保存登記の申請の時期、中古マンションの売買の媒介においては、所有権の移転登記の申請の時期を説明しなければならない。[H28-45-3]

☞⑤答×

4 品確法（住宅の品質確保の促進等に関する法律）

必ず出る！基礎知識　目標6分で覚えよう

1 瑕疵担保責任

①品確法上、新築住宅とは、新たに建設された住宅で、まだ人の居住の用に供したことのないものをいう。ただし、建設工事完了日から1年を経過したものは、新築住宅ではない。

②新築住宅の売買契約では、売主は、買主への引渡しから10年間、住宅の構造耐力上主要な部分及び雨水の浸入を防止する部分の隠れた瑕疵（かし）について瑕疵担保責任を負う。これに反する特約は無効である。

2 住宅性能評価

③住宅性能の評価結果をまとめた性能評価書には、設計図書の段階の評価結果をまとめた設計住宅性能評価書と、施工・完成段階の検査を経た評価結果をまとめた建設住宅性能評価書の2種類がある。

④性能表示事項の必須分野は、ⓐ構造の安定に関すること、ⓑ劣化の軽減に関すること、ⓒ維持管理・更新への配慮に関すること、ⓓ温熱環境に関することである。

⑤性能表示事項の選択分野は、ⓐ空気環境に関すること、ⓑ光・視環境に関すること、ⓒ高齢者等への配慮に関すること等である。

⑥性能表示事項は、等級や数値などで表示される。等級では、数字が大きいものほど性能が高いことを表す。

⑦マンションなどの共同住宅では、既存の共同住宅に係る建設住宅性能評価を受ける場合、共用部分と専有部分の両方の評価が必要である。

DATE & RECORD

学習日	月　日	月　日	月　日	月　日
正答数	／5	／5	／5	／5

過去問＋予想問！ 目標4分で答えよう

❑❑❑ 瑕疵担保責任の対象となる「新築住宅」とは、新たに建設された住宅で、まだ人の居住の用に供したことのないものをいうが、建設工事完了の日から起算して１年を経過したものは除かれる。[H16-44-1]

☞①答○

❑❑❑ 新築の分譲マンションの構造耐力上主要な部分等の瑕疵については、売主とは別の建築請負会社が建築したものである場合、当該売主が瑕疵担保責任を負う期間は、当該売主がその建築請負会社から引渡しを受けた時から10年間とされる。[R4-40-1] ☞②答○

❑❑❑ 新築の分譲マンションの買主は、売主に対し、瑕疵の修補請求はできるが、損害賠償請求はできない旨の特約は、買主がそれを容認したとしても無効である。[R4-40-3]

☞②答○

❑❑❑ 住宅性能表示制度における新築住宅の性能表示事項は必須と選択に区分され、そのうち「空気環境に関すること」、「光・視環境に関すること」、「高齢者等への配慮に関すること」については、選択分野に含まれる。[H28-24-3]

☞⑤答○

❑❑❑ 既存住宅（評価住宅に限る）の維持管理対策等級は、等級１から等級３の３段階で示されているが、等級１が最も性能が高い。[H18-25-1]

☞⑥答×

5 不動産登記法⑴

必ず出る！基礎知識 目標6分で覚えよう

1 登記の仕組み

①表題部には、不動産の物理的現況等が表示される。

②表題登記や滅失登記は、取得または滅失の日から1か月以内に申請しなければならない。申請のないときは、登記官が職権で登記することができる。

③権利部は、甲区と乙区に区分されており、甲区には所有権に関する登記事項、乙区には所有権以外の権利に関する登記事項が記載される。

④権利部の登記は、相続による所有権移転登記を除いて、義務ではない。ただし、権利部への登記がなければ、原則として第三者に対抗できない。

⑤権利部甲区は、最初の1人が所有権保存の登記を行い、売買や相続によって所有者が変わると、所有権移転の登記を行う。

⑥登記した権利の優劣は、原則としてその登記の前後による。登記の前後は、同区間であれば順位番号、別区間であれば受付番号により判断する。

2 登記の手続

⑦権利部の登記申請は、原則として登記権利者と登記義務者（売買の場合は売主と買主）が共同してしなければならない（共同申請主義）。

⑧仮登記も、共同申請が原則である。ただし、仮登記の登記義務者の承諾がある場合、仮登記を命ずる処分がある場合には、仮登記の登記権利者が単独で申請できる。

DATE & RECORD

学習日	月　日	月　日	月　日	月　日
正答数	／7	／7	／7	／7

過去問＋予想問！ 目標4分で答えよう

❑❑❑ 表題登記は、取得の日から1か月以内に申請しなければならない。申請のないときは、登記官が職権で登記することができる。[予想問] ☞②答○

❑❑❑ 建物が滅失したときは、表題部所有者または所有権の登記名義人は、その滅失の日から1か月以内に、当該建物の滅失の登記を申請しなければならない。[予想問] ☞②答○

❑❑❑ 登記記録は、表題部と権利部に区分して作成され、権利部は甲区と乙区に区分され、所有権移転の仮登記は乙区に記録される。[H28-43-2] ☞③答×

❑❑❑ 新築した建物を取得した者は、その所有権取得から1か月以内に、所有権保存の登記をしなければならない。[予想問] ☞④⑤答×

❑❑❑ 登記の前後は、登記記録の同一の区にした登記相互間においても、別の区にした登記相互間においても、ともに順位番号による。[H25-43-4] ☞⑥答×

❑❑❑ 所有権の移転の登記の申請は、法令に別段の定めがある場合を除き、登記権利者及び登記義務者が共同してしなければならない。[H23-45-3] ☞⑦答○

❑❑❑ 仮登記の登記義務者の承諾がある場合には、仮登記の登記権利者が単独で申請することができる。[予想問] ☞⑧答○

6 不動産登記法(2)

必ず出る！基礎知識 目標6分で覚えよう

1 区分建物の登記

①区分建物では、表題部所有者から所有権を取得した者も、所有権の保存登記を申請できる。

②敷地権付き区分建物の場合で、表題部所有者から所有権を取得した者が、所有権の保存の登記を申請するときは、当該敷地権の登記名義人の承諾を得なければならない。

③建物の床面積は、階ごとに壁その他の区画の中心線（区分建物にあっては、壁その他の区画の内側線）で囲まれた部分の水平投影面積による。

④区分建物が属する1棟の建物が新築された場合における当該区分建物についての表題登記の申請は、当該新築された1棟の建物に属する他の区分建物についての表題登記の申請と併せてしなければならない。

⑤区分建物に関する建物の登記記録は、1棟の建物を表示する表題部・各区分建物（専有部分）の表題部・各区分建物の甲区及び乙区の構成になっている。

⑥マンションの1棟の建物の表題部の敷地権の目的である土地の表示には、敷地権の目的である土地の所在及び地番・地目・地積・登記の日付等が記載される。

⑦区分建物の表題部の敷地権の表示には、敷地権の種類・敷地権の割合・原因・その日付等が記載される。

⑧共用部分である旨の登記は、所有権の登記名義人以外に、建物の表題部所有者も申請することができる。

DATE & RECORD

学習日	月　日	月　日	月　日	月　日
正答数	／6	／6	／6	／6

過去問＋予想問！ 目標4分で答えよう

❑❑❑ 区分建物の所有権の保存登記は、表題部所有者から所有権を取得した者も申請することができる。［H21-43-1］ ☞①答○

❑❑❑ 敷地権付き区分建物において、表題部所有者から所有権を取得した者が、所有権の保存の登記を申請するときは、当該敷地権の登記名義人の承諾を得なければならない。［H30-44-2］ ☞②答○

❑❑❑ 区分建物の表示に関する登記における区分建物の床面積は、各階ごとに壁その他の区画の中心線で囲まれた部分の水平投影面積により算出する。［R2-40-2］ ☞③答×

❑❑❑ 区分建物が属する一棟の建物が新築された場合における各区分建物についての表題登記の申請は、当該建物に属する他の区分建物についての表題登記の申請と併せてしなければならない。［H25-43-1］ ☞④答○

❑❑❑ マンションの一棟の建物の表題部の敷地権の目的である土地の表示には、敷地権の目的である土地の所在及び地番・地目・地積・登記の日付等が記載される。［予想問］ ☞⑥答○

❑❑❑ 共用部分である旨の登記は、所有権の登記名義人以外は申請することができない。［予想問］ ☞⑧答×

7 消費者契約法

必ず出る！基礎知識　目標6分で覚えよう

1 適用対象

①消費者（一般個人）と事業者との間で結ばれる契約であれば、あらゆる契約が消費者契約法の適用対象となる。
②事業者には、法人のみならず、個人事業主も含まれる。
③事業者と消費者との間で締結される契約の条項の効力について宅建業法に別段の定めがある場合は、宅建業法の規定が優先して適用される。

2 取消しとなる事項

④不当な勧誘により締結させられた契約は、後から取り消すことができる。

3 無効となる事項

⑤消費者の利益を不当に害する規約条項は、無効となる。
例 事業者の損害賠償責任を免除する事項
⑥マンションの賃貸借契約において、賃貸借契約終了時に敷金から一定額を償却する敷引（しきびき）特約は、有効である。

4 差止請求

⑦消費者の被害の発生または拡大を防止するため、適格消費者団体が、事業などに対して差止請求をすることができる。
⑧適格消費者団体とは、不特定かつ多数の消費者の利益のために差止請求権を行使するのに必要な適格性を有する消費者団体として、内閣総理大臣の認定を受けた者をいう。

DATE & RECORD

学習日	月　日	月　日	月　日	月　日
正答数	／6	／6	／6	／6

過去問＋予想問！ 目標4分で答えよう

❑❑❑ マンションの分譲業者が、マンションの一住戸を合同会社に、その従業員の個人居住用として使用することの明示を受けて売却する契約については、消費者契約法が適用される。[R3-40-ア] ☞①答×

❑❑❑ 株式会社が株式会社にマンションの１室を売却する契約は、それが居住用のものであっても消費者契約法は適用されない。[H18-43-3] ☞①答○

❑❑❑ 複合用途の賃貸用共同住宅を経営する個人Ａが、個人経営者であるＢに、当該共同住宅の１階の店舗部分をＢの事業のために賃貸する契約には、消費者契約法が適用される。[H30-41-2] ☞①②答×

❑❑❑ 消費者契約法において「事業者」とは、会社等の法人その他の団体をいい、個人が「事業者」に該当することはない。[H18-43-2] ☞②答×

❑❑❑ 事業者と消費者との間で締結される契約の条項の効力について宅地建物取引業法に別段の定めがある場合でも、消費者契約法の規定が優先して適用される。[H26-44-2] ☞③答×

❑❑❑ 消費者契約法が適用されるマンションの賃貸借契約において、賃貸借契約終了時に賃借人に返還されるべき敷金から一定額を償却する（敷引き）特約は、同法に抵触し無効である。[H23-43-3] ☞⑥答×

8 個人情報保護法

必ず出る！基礎知識　目標6分で覚えよう

1 個人情報

①個人情報とは、生存する個人の情報であって、氏名・生年月日等の記述によって特定の個人を識別できるもの、及び、個人識別符号の含まれるものをいう。防犯カメラの画像も、特定の個人を識別できるものであれば、個人情報に該当する。

②個人識別符号とは、身体の一部の特徴を電子計算機のために変換した符号（顔認識・指紋認識等のデータ）、及び、サービス利用や書類において対象者ごとに割り振られる符号（例運転免許証番号・マイナンバー）をいう。

2 個人情報取扱事業者の義務

③本人から、当該本人が識別される保有個人データの開示を請求されたときは、本人に対し、遅滞なく、当該データを開示しなければならない。

④保有個人データの開示の請求を受けたときは、当該措置の実施に関し、手数料を徴収できる。

⑤個人情報を取得した場合は、あらかじめその利用目的を公表している場合を除き、速やかに、その利用目的を本人に通知し、または公表しなければならない。

3 個人情報データベース

⑥個人情報データベースとは、個人情報を含む情報の集合物で、特定の個人情報を、電子計算機を用いて検索できるように体系的に構成したもの及び特定の個人情報を容易に検索できるように体系的に構成したもの（例紙面の組合員名簿）をいう。

DATE & RECORD

学習日	月　日	月　日	月　日	月　日
正答数	／6	／6	／6	／6

過去問＋予想問！ 目標4分で答えよう

❑❑❑ マンションの防犯カメラに映る映像は、特定の個人が判別できるものであっても、個人情報保護法上の「個人情報」ではない。［H25-41-エ］ ☞①答×

❑❑❑ 運転免許証番号やマイナンバーは個人識別符号に該当する。［予想問］ ☞②答○

❑❑❑ 本人から、当該本人が識別される保有個人データの開示を請求されたときは、本人に対し、遅滞なく、当該データを開示しなければならない。［予想問］ ☞③答○

❑❑❑ マンション管理業者は、特定の組合員から当該本人が識別される保有個人データの開示を求められたときは、その開示に係る手数料を徴収することができる。［R2-41-4］ ☞④答○

❑❑❑ 個人情報取扱事業者であるマンション管理業者は、個人情報を取得した場合は、あらかじめその利用目的を公表している場合を除き、速やかに、その利用目的を、本人に通知しなければならない。［H22-45-1］ ☞⑤答○

❑❑❑ 管理組合の組合員の氏名、電話番号が記載されている組合員名簿が、コンピュータを用いて検索できるように体系的に構成されていない場合には、その名簿は「個人情報データベース等」ではない。［H20-44-4］ ☞⑥答×

警備業法

必ず出る！基礎知識　目標6分で覚えよう

1 警備業

①警備業を営もうとする者は、一定の欠格要件に該当しないことについて、都道府県公安委員会の認定を受けなければならない。

②破産者で復権を得ない者は、警備業を営んではならない。

③禁錮以上の刑に処せられ、または警備業法の規定に違反して罰金の刑に処せられ、その執行を終わりまたは執行を受けることがなくなった日から起算して5年を経過しない者は、警備業を営んではならない。

④ 18 歳未満の者は、警備員となってはならない。また、警備業者は、18 歳未満の者を警備業務に従事させてはならない。

⑤警備業者及び警備員は、警備業務を行うに当たっては、公務員（警察官等）の制服と、色・型式または標章により明確に識別することができる服装を用いなければならない。

2 契約に関する書面交付

⑥警備業者は、警備業務の依頼者と警備業務を行う契約を締結するときは、契約までに、契約の概要について記載した書面を依頼者に交付（電磁的方法による提供を含む）しなければならない。

⑦警備業者は、警備業務を行う契約を締結したときは、遅滞なく、契約の内容を明らかにする書面を警備業務の依頼者に交付（電磁的方法による提供を含む）しなければならない。

DATE & RECORD

学習日	月　日	月　日	月　日	月　日
正答数	／6	／6	／6	／6

過去問＋予想問！ 目標4分で答えよう

❑❑❑ 警備業を営もうとする者は、一定の欠格要件に該当しないことについて、都道府県公安委員会の認定を受けなければならない。［予想問］ ☞①答○

❑❑❑ 警備業法によれば、破産者で復権を得ないものは、警備業を営んではならない。［H25-44-1 改］ ☞②答○

❑❑❑ 警備業法によれば、警備業者は、20歳未満の者を警備業務に従事させてはならない。［H20-45-2］ ☞④答×

❑❑❑ 警備業法によれば、警備業者及び警備員は、警備業務を行うに当たっては、内閣府令で定める公務員の法令に基づいて定められた制服と型式または標章により、明確に識別することができる服装を用いなければならないが、服装の色までは規制されていない。［H24-44-4］ ☞⑤答×

❑❑❑ 警備業者は、警備業務の依頼者と警備業務を行う契約を締結するときは、契約までに、契約の概要について記載した書面を依頼者に交付（電磁的方法による提供を含む）しなければならない。［予想問］ ☞⑥答○

❑❑❑ 警備業者は、警備業務を行う契約を締結したときは、遅滞なく、契約の内容を明らかにする書面を警備業務の依頼者に交付（電磁的方法による提供を含む）しなければならない。［予想問］ ☞⑦答○

第5編

実務・会計

1 滞納管理費等の処理

必ず出る！基礎知識 目標6分で覚えよう

1 少額訴訟

①少額訴訟は、訴訟の目的の価額が60万円以下のものを扱う制度である。少額訴訟にするか否かは任意であり、60万円以下であっても、通常の民事訴訟で行うこともできる。

②少額訴訟は、簡易裁判所で行う。

③原告が少額訴訟を希望する場合、訴えを提起する際にその旨を申述する必要がある。

④同一の簡易裁判所において同一年内に少額訴訟を利用できる回数は、10回までである。

⑤少額訴訟においては、反訴を提起することができない。

⑥少額訴訟においては、原則として1回の期日で審理を終了し、即日判決が言い渡される。

⑦被告は、最初にすべき口頭弁論の期日において弁論をし、またはその期日が終了するまでは、当該訴訟を通常の訴訟手続に移行させる旨の申述をすることができる。

2 支払督促

⑧債務者は、支払督促の送達を受けた日から2週間以内に、督促異議の申立てをすることができる。仮執行の宣言前に適法な督促異議の申立てがあったときは、支払督促は、その限度で効力を失う。

3 公示送達

⑨管理費の滞納者が行方不明になった場合でも、公示送達により訴状を送達することで、訴訟を係属させることができる。

DATE & RECORD

学習日	月　日	月　日	月　日	月　日
正答数	／7	／7	／7	／7

過去問＋予想問！ 目標4分で答えよう

❑❑❑ 滞納額が、60万円以下の場合は、通常の民事訴訟ではなく、少額訴訟制度によらなければならない。[H22-10-ア] ☞①答×

❑❑❑ 少額訴訟を提起する場合、原告は管轄の地方裁判所または簡易裁判所のいずれかを選択することができる。[H18-11-2] ☞②答×

❑❑❑ 少額訴訟による審理及び裁判を求める旨の申述は、訴えの提起の際にしなければならない。[H27-11-1] ☞③答○

❑❑❑ 少額訴訟による審理及び裁判を求めることができる回数は、同一人が、同一の簡易裁判所において、同一年に10回までである。[R2-11-1] ☞④答○

❑❑❑ 管理組合Aが、区分所有者Bに対して滞納管理費の支払を請求するために民事訴訟法上の「少額訴訟」を利用する場合、Bは、当該少額訴訟において反訴を提起することはできない。[R4-10-エ] ☞⑤答○

❑❑❑ 少額訴訟においては、原則として1回の期日だけで審理を終了し、その後1月後に判決の言渡しをするものとされている。[H13-10-4] ☞⑥答×

❑❑❑ 支払督促の申立てをした場合、支払督促の送達後2週間以内にその滞納者が督促異議の申立てをすれば、支払督促は、その異議の限度で効力を失う。[H21-10-4] ☞⑧答○

2 管理組合の税務(1)

必ず出る！基礎知識 目標6分で覚えよう

1 法人税

①法人ではない管理組合と管理組合法人は、どちらも法人税法上、公益法人等と同様に扱われる。

②収益事業所得に対しては、課税される。非収益事業所得に対しては、非課税とされる。

③マンション内の駐車場の使用について、区分所有者のみが使用すれば、非収益事業となる。

④マンション内の駐車場の使用について、区分所有者と外部の第三者が区別・優劣なく同条件で使用すれば、全て収益事業となる。

⑤マンション内の駐車場の使用について、区分所有者と外部の第三者が区別され、区分所有者が優先的に使用すれば、外部の第三者の使用部分のみが収益事業となる。

⑥携帯電話基地局設置のため、管理組合が賃貸借契約に基づいてマンション（建物）の一部を他の者に使用させ、その対価を得る行為は、収益事業に該当する。

2 都道府県民税・市町村民税

⑦管理組合が収益事業を行っている場合、法人格の有無にかかわらず、法人税割及び均等割が課税される。

⑧管理組合が収益事業を行っていない場合、法人でない管理組合は法人税割及び均等割ともに非課税だが、管理組合法人は均等割が課税される。

DATE & RECORD

学習日	月　日	月　日	月　日	月　日
正答数	／6	／6	／6	／6

過去問＋予想問！ 目標4分で答えよう

❑❑❑ 法人格のない管理組合は「人格のない社団」として、公益法人と同様の取扱いがなされ、非収益事業の所得に対しては、法人税は、課税されない。[H17-16-1]

☞②答○

❑❑❑ マンション内の駐車場の使用について、区分所有者のみが使用すれば非収益事業である。[予想問]

☞③答○

❑❑❑ マンション内の駐車場の使用について、区分所有者と外部の第三者が区別・優劣なく同条件で使用すれば全て収益事業となる。[予想問]

☞④答○

❑❑❑ 法人税法上、管理組合がマンション敷地内で行う駐車場業は、組合員以外の第三者が利用する場合であっても非収益事業となるため、課税されない。[H27-16-1]

☞⑤答×

❑❑❑ 法人税法上、管理組合法人が、その共用部分を携帯電話基地局設置のために通信事業者に賃貸することは、収益事業に該当する。[R2-14-3]

☞⑥答○

❑❑❑ 管理組合は、地方税のうち、都道府県民税及び市町村民税について、法人格の有無にかかわらず、収益事業を行っていれば、法人税割及び均等割が課税される。[予想問]

☞⑦答○

3 管理組合の税務(2)

必ず出る！基礎知識 目標6分で覚えよう

1 所得税

①管理組合が普通預金や定期預金口座を開設している場合、当該預金から得られる受取利息に対しては、所得税が課税される。

2 消費税

②基準期間（前々事業年度）における課税対象売上高が1,000万円以下の場合、当事業年度における消費税の納税義務が原則として免除される。

③基準期間（前々事業年度）における課税売上高が1,000万円以下であっても、前事業年度開始日から6か月間（特定期間）の課税売上高が1,000万円を超えた場合、当年度において消費税の納税義務者となる。

④組合員から徴収する管理費・修繕積立金は、不課税取引である。

⑤管理組合が雇用している従業員の給与は、不課税取引である。

⑥預貯金や貸付金の利息は、非課税取引である。

⑦共用部分に係る火災保険料等の損害保険料は、非課税取引である。

⑧組合員以外の第三者から徴収する敷地内の駐車場収入等の使用料は、課税取引である。

⑨管理組合が支払う水道光熱費・電話料は、課税取引である。

⑩管理会社に対して支払う管理委託料は、課税取引である。

DATE & RECORD

学習日	月　日	月　日	月　日	月　日
正答数	／6	／6	／6	／6

過去問＋予想問！ 目標4分で答えよう

❑❑❑ 消費税法上、管理組合の基準年度における組合員以外からの駐車場収入が980万円、臨時収入である備品の譲渡による売上高45万円があった場合、合計1,025万円の課税売上高となるので、当年度は納税義務者となり消費税を納入する必要がある。[H22-16-ウ]
☞②答〇

❑❑❑ 消費税法上、基準期間における課税売上高が1,000万円以下となる場合であっても、特定期間の課税売上高によっては、消費税の納税義務が免除されない場合がある。[H28-16-4]
☞③答〇

❑❑❑ 管理組合の支出のうち管理組合が雇用している従業員の給与は、消費税の課税取引として課税対象となる。[H24-16-3]
☞⑤答×

❑❑❑ 消費税法上、管理組合が大規模修繕工事のため、金融機関から借入れをする場合には、その借入金の支払利息は、課税されない。[R2-14-1]
☞⑥答〇

❑❑❑ マンション敷地内の駐車場を当該管理組合の組合員以外の第三者に使用させることによる駐車場収入は、消費税の課税対象とはならず、課税売上高を構成しない。[H21-16-4]
☞⑧答×

❑❑❑ 消費税法上、管理組合は公益法人と同様の取扱いがなされ、管理会社に対して支払う管理委託料は消費税の課税対象外である。[H18-16-1]
☞⑩答×

4 標準管理委託契約書⑴

必ず出る！基礎知識 目標6分で覚えよう

1 標準管理委託契約書

①標準管理委託契約書は、管理組合・管理業者間の契約成立時の書面として交付する場合の指針として作成されたものであり、使用が義務づけられているわけではない。

②警備業法に定める警備業務及び消防法に定める防火管理者が行う業務は、管理事務に含まれない。

2 管理対象部分

③管理対象部分には、区分所有者が管理すべき部分を含まない。

④管理対象部分である専有部分に属さない建物の部分には、廊下・階段・エレベーターホール等がある。

⑤管理対象部分である専有部分に属さない建物の附属物には、エレベーター設備・電気設備・給水設備・排水設備・テレビ共同受信設備等がある。

⑥管理対象部分である附属施設には、塀・駐車場・自転車置場等がある。

⑦専用使用部分（例バルコニー・トランクルーム・専用庭）は、管理組合が管理すべき管理業務の範囲内で、マンション管理業者が管理事務を行う。

3 事務管理業務

⑧管理業者の基幹事務は、ⓐ管理組合の会計の収入及び支出の調定、ⓑ管理組合の出納業務、ⓒマンション（専有部分を除く）の維持・修繕に関する企画・実施の調整である。

⑨基幹事務と基幹事務以外の事務管理業務（例理事会支援業務・総会支援業務）を合わせて、事務管理業務という。

DATE & RECORD

学習日	月　日	月　日	月　日	月　日
正答数	／6	／6	／6	／6

過去問＋予想問！ 目標4分で答えよう

❑❑❑ マンション標準管理委託契約書は、管理組合と管理業者の間で協議がととのった事項を記載した管理委託契約書を、マンション管理適正化法第73条に規定する「契約成立時の書面」として交付する場合に使用するよう義務づけられたものである。[H17-7-1]

☞①答×

❑❑❑ 標準管理委託契約書は、管理組合が管理事務をマンション管理業者に委託する場合を想定しており、警備業法に定める警備業務、消防法に定める防火管理者が行う業務は、管理事務に含まれない。[R4-7-1]

☞②答○

❑❑❑ エレベーターホールは、「専有部分に属さない建物の部分」に含まれる。[H29-28-ア] ☞④答○

❑❑❑ テレビ共同受信設備は、「専有部分に属さない建物の附属物」に含まれる。[H29-28-イ] ☞⑤答○

❑❑❑ 附属施設である駐車場、自転車置場は、管理対象部分に含まれない。[H21-9-4] ☞⑥答×

❑❑❑ マンション管理業者が行う管理対象部分は、管理契約により管理組合が管理すべき部分のうち、マンション管理業者が受託して管理する部分であり、区分所有者が管理すべき部分は含まないため、専用使用部分（バルコニー、トランクルーム、専用庭等）については管理事務の対象には含まれない。[H24-7-2]

☞⑦答×

5 標準管理委託契約書(2)

必ず出る！基礎知識 目標6分で覚えよう

1 基幹事務Ⅰ：会計

①管理業者は、毎月末日までに、前月における管理組合の会計の収支状況に関する書面を交付し、管理組合の請求があったときは、会計の収支状況に関する報告を行う。

2 基幹事務Ⅱ：出納

②管理業者は、毎月、組合員の管理費等の滞納状況を管理組合に報告する。管理業務主任者が行う必要はない。

③組合員が管理費を滞納したときは、管理業者は、電話・自宅訪問・督促状の方法により、その支払いの督促を行う。

④督促してもなお組合員が滞納管理費等を支払わないとき、管理業者はその責めを免れる。

3 基幹事務Ⅲ：維持・修繕

⑤管理業者は、管理事務を実施する上で把握したマンションの劣化等の状況に基づき、修繕計画の内容・時期・概算費用等に改善の必要があると判断した場合、書面をもって管理組合に助言する。

⑥長期修繕計画案の作成業務は、管理委託契約とは別個の契約とする。

⑦管理業者は、管理組合がマンションの維持・修繕を外注により管理業者以外の業者に行わせる場合の見積書の受理・発注補助・実施の確認を行う。

⑧長期修繕計画案の作成及び見直しは、長期修繕計画標準様式・長期修繕計画作成ガイドライン・長期修繕計画作成ガイドラインコメントを参考にして作成することが望ましい。

DATE & RECORD

学習日	月　日	月　日	月　日	月　日
正答数	／5	／5	／5	／5

過去問＋予想問！ 目標4分で答えよう

❑❑❑ マンション管理業者は管理費等滞納者に対する督促について、電話もしくは自宅訪問または督促状の方法により、その支払の督促を行い、毎月、管理業務主任者をして管理費等の滞納状況を、管理組合に報告しなければならない。［H24-9-2］ ☞②答×

❑❑❑ マンション管理業者は、事務管理業務のうち出納業務を行う場合において、管理組合の組合員に対し管理委託契約に従って管理費等の督促を行っても、なお当該組合員が支払わないときは、その責めを免れるものとし、その後の収納の請求は管理組合が行うものとする。［R3-6-3］ ☞④答○

❑❑❑ マンション管理業者は、管理事務を通じて当該マンションの劣化等の状況を把握することができることから、長期修繕計画案の作成業務を実施する場合、当該業務に係る契約については、管理委託契約と別個の契約としてはならない。［H28-9-2］ ☞⑥答×

❑❑❑ マンション管理業者は、管理組合がマンションの維持または修繕（大規模修繕を除く修繕または保守点検等）を第三者に外注する場合の見積書の受理、発注補助、実施の確認を行うものとする。［R2-9- ウ］ ☞⑦答○

❑❑❑ 長期修繕計画案の作成及び見直しは、長期修繕計画標準様式、長期修繕計画作成ガイドライン、長期修繕計画作成ガイドラインコメントを参考にして作成することが望ましい。［H22-9- ア］ ☞⑧答○

---

6 標準管理委託契約書(3)

必ず出る！基礎知識　目標6分で覚えよう

1 基幹事務以外の事務管理業務

①管理業者は、管理対象部分に係る各種の点検・検査等の結果を管理組合に報告するとともに、改善等の必要ある事項についての具体策を書面で管理組合に助言する。

②管理業者は、管理規約の原本・総会議事録・総会議案書等を管理組合の事務所で保管する。

2 第三者への再委託

③管理業者は、事務管理業務の一部を第三者に再委託することができる。事務管理業務の一括再委託は認められない。

④管理業者が管理事務を第三者に再委託した場合において、管理業者は、再委託した管理事務の適正な処理について、管理組合に対して責任を負う。

3 管理事務に要する費用

⑤管理組合は、委託業務費については、管理業者が指定する口座に振り込む方法により支払うものとする。

⑥管理組合は、管理事務として委託する事務のために管理業者に支払われる委託業務費のほか、管理業者が管理事務をするために必要な水道光熱費・通信費等を負担する。

⑦管理組合は、管理業者に管理事務を行わせるために不可欠な管理事務室等を無償で使用させる。

⑧管理事務室等の使用に係る諸費用（例水道光熱費・通信費・備品・消耗品費）について、管理組合・管理業者のどちらがどの費用を負担するのかを決めておく。

DATE & RECORD

学習日	月　日	月　日	月　日	月　日
正答数	／6	／6	／6	／6

過去問＋予想問！ 目標4分で答えよう

❑❑❑ マンション管理業者は、管理規約の原本、総会議事録、総会議案書等を、マンション管理業者の事務所で保管するものとする。[H20-7-エ] ☞②答×

❑❑❑ マンション管理業者は、事務管理業務の管理事務の全部を、第三者に再委託することができる。[R3-6-1] ☞③答×

❑❑❑ マンション管理業者は、管理事務を第三者に再委託した場合においては、再委託した管理事務の適正な処理について、管理組合に対して責任を負う。[R2-8-2] ☞④答○

❑❑❑ 管理事務としてマンション管理業者に委託する事務のために支払う委託業務費については、管理組合が指定する口座に振り込む方法により支払う。[H21-7-ウ] ☞⑤答×

❑❑❑ 管理事務室は、管理組合がマンション管理業者に管理事務を行わせるため、有償で使用させるものとしている。[R4-7-3] ☞⑦答×

❑❑❑ マンション管理業者は、管理事務を行うために不可欠な管理事務室の使用料及び管理事務室の使用に係る諸費用（水道光熱費、通信費、備品、消耗品費等）を負担する義務を負う。[H26-7-4] ☞⑦⑧答×

7 標準管理委託契約書⑷

必ず出る！基礎知識 目標6分で覚えよう

1 緊急時の業務

①管理業者は、災害や事故等の事由により管理組合のために緊急に行う必要がある業務であって、管理組合の承認を受ける時間的な余裕がないものは、管理組合の承認なしで実施できる。

②緊急時に承認なしで業務を実施した場合、管理業者は、速やかに、書面をもって、その業務の内容及びその実施に要した費用の額を管理組合に通知する必要がある。

③管理組合は、管理業者が緊急時の業務のためやむを得ず支出した費用については、速やかに、管理業者に支払わなければならない。ただし、管理業者の責めによる事故等の場合は除外される。

2 管理事務の報告等

④管理業者は、管理組合の事業年度終了後、管理組合に対し、その年度における管理事務の処理状況及び管理組合の会計の収支の結果を記載した書面を交付し、管理業務主任者をして、報告をさせなければならない。

3 有害行為の中止要求

⑤管理業者は、組合員等に対し、管理組合に代わって法令・管理規約・使用細則に違反する行為の中止を求めることができる。

⑥管理業者が有害行為の中止を求めても、なお組合員等がその行為を中止しない場合、書面をもって管理組合にその内容を報告しなければならない。報告を行った場合、管理業者はさらなる中止要求の責務を免れる。

DATE & RECORD

学習日	月　日	月　日	月　日	月　日
正答数	／3	／3	／3	／3

過去問＋予想問！ 目標4分で答えよう

❑❑❑ マンション管理業者は、地震の発生により、管理組合のために、緊急に行う必要がある業務で、管理組合の承認を受ける時間的な余裕がないものについて、管理組合の承認を受けないで実施した場合においては、速やかに、書面をもって、その業務の内容及びその実施に要した費用の額を管理組合に通知しなければならない。[R3-8-1] ☞①②答○

❑❑❑ 管理組合は、マンション管理業者が火災の発生により、緊急に行う必要がある業務を遂行する上でやむを得ず支出した費用であれば、その発生原因が当該マンション管理業者の責めによるものであったとしても、当該マンション管理業者に対して、その費用を速やかに支払わなければならない。[R3-8-2] ☞③答×

❑❑❑ マンション管理業者は、管理組合の事業年度終了後あらかじめ管理委託契約書で定められた期間内に、管理組合に対し、当該年度における管理事務の処理状況及び管理組合の会計の収支の結果を記載した書面を交付し、報告しなければならないが、その報告をする者は管理業務主任者である必要はない。[R3-13-1] ☞④答×

---

8 標準管理委託契約書(5)

必ず出る！基礎知識　目標6分で覚えよう

1 通知義務

①管理組合及び管理業者は、マンションにおいて滅失・毀損・瑕疵等の事実を知った場合は、速やかに、その状況を相手方に通知しなければならない。

②管理組合の役員または組合員が変更したときや、管理組合の組合員がその専有部分を第三者に貸与したときは、管理組合は、書面をもって、管理業者に通知しなければならない。

③管理業者が商号または名称を変更したときや、マンション管理適正化法の規定に基づき処分を受けたときは、管理業者は、書面をもって、管理組合に通知しなければならない。

④管理業者が銀行の取引を停止されたとき、もしくは管理会社に、破産手続・会社更生手続・民事再生手続の申立てがあったときは、書面をもって、管理組合に通知しなければならない。

2 専有部分への立入り

⑤管理業者は、管理事務を行うため必要があるときは、管理組合の組合員等に対して、その専有部分または専用使用部分（専有部分等という）への立入りを請求できる。

⑥災害や事故等の事由で管理組合のために緊急に業務を行う必要がある場合、管理業者は、専有部分等に立ち入ることができる。この場合、管理業者は、管理組合及び管理業者が立ち入った専有部分等に係る組合員等に対し、事後速やかに報告をしなければならない。

DATE & RECORD

学習日	月　日	月　日	月　日	月　日
正答数	／4	／4	／4	／4

過去問＋予想問！ 目標 4 分で答えよう

❏❏❏ 管理組合及びマンション管理業者は、マンションにおいて滅失、き損、瑕疵等の事実を知った場合においては、速やかに、その状況を相手方に通知しなければならない。[H26-7-1]　☞①答○

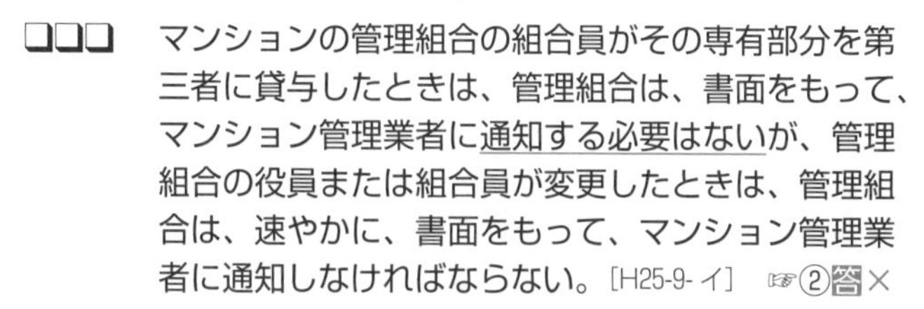
❏❏❏ マンションの管理組合の組合員がその専有部分を第三者に貸与したときは、管理組合は、書面をもって、マンション管理業者に通知する必要はないが、管理組合の役員または組合員が変更したときは、管理組合は、速やかに、書面をもって、マンション管理業者に通知しなければならない。[H25-9-イ]　☞②答×

❏❏❏ マンション管理業者は、商号または住所を変更したときは、速やかに、口頭または書面をもって、管理事務の委託を受けている管理組合に通知しなければならない。[H21-8-2]　☞③答×

❏❏❏ マンション管理業者は、漏水の発生により、管理組合のために緊急に行う必要がある場合、専有部分等に立ち入ることができるが、この場合において、マンション管理業者は、管理組合及びマンション管理業者が立ち入った専有部分等に係る組合員等に対し、事後速やかに、報告をしなければならない。[R3-8-3]　☞⑥答○

---

9 標準管理委託契約書⑹

必ず出る！基礎知識 目標6分で覚えよう

1 管理規約の提供

①管理業者は、宅建業者が、組合員から依頼を受けた専有部分の売却等の業務のために、理由を付した書面または電磁的方法により、管理規約の提供や開示事項の開示を求めてきた場合は、管理組合に代わって、管理規約等の写しを提供し、それらの内容を書面または電磁的方法で開示する。

②管理業者は、管理規約の提供等に関する業務に要する費用をその相手方から受領することができる。

③管理業者が提供・開示できる範囲は、原則として管理委託契約書に定める範囲となる。

2 管理業者の使用者責任

④管理業者は、管理業者の使用人等が管理事務の遂行に関し、管理組合または管理組合の組合員等に損害を及ぼしたときは、使用者責任を負う。

⑤管理業者の従業員が退職後に秘密を漏えいしたとしても、漏えい時点での従業員ではないため、管理業者が使用者責任を負うことはない。

3 守秘義務

⑥管理業者及び管理業者の従業員は、正当な理由がなく管理事務に関して知り得た管理組合及び管理組合の組合員等の秘密を漏らし、または管理事務以外の目的に使用してはならない。

DATE & RECORD

学習日	月　日	月　日	月　日	月　日
正答数	／4	／4	／4	／4

過去問＋予想問！ 目標4分で答えよう

❑❑❑ 管理業者は、宅地建物取引業者が、組合員から依頼を受けた専有部分の売却等の業務のために、理由を付した書面または電磁的方法により、管理規約の提供や開示事項の開示を求めてきた場合は、管理組合に代わって、管理規約の写しを提供し、それらの内容を書面または電磁的方法で開示する。[予想問]

☞①答○

❑❑❑ マンション管理業者は、管理規約の提供等の業務に要する費用を当該宅地建物取引業者から受領することはできない。[R3-7-ア]

☞②答×

❑❑❑ マンション管理業者は、当該業者の従業員が、その業務の遂行に関し、管理組合または管理組合の組合員及びその所有する専有部分の占有者に損害を及ぼしたときは、管理組合または管理組合の組合員等に対し、使用者としての責任を負う。[H21-8-3]

☞④答○

❑❑❑ 管理業者の従業員が退職後に秘密を漏えいした場合、漏えい時点での従業員ではないが、管理業者が使用者責任を負う。[予想問]

☞⑤答×

10 標準管理委託契約書(7)

必ず出る！基礎知識 目標6分で覚えよう

1 免責事項

①管理業者が書面をもって注意喚起したにもかかわらず、管理組合が承認しなかった事項に起因する損害については、管理業者は、損害賠償責任を負わない。

2 契約の解除・解約・更新

②管理組合及び管理業者は、その相手方が契約に定められた義務の履行を怠った場合は、相当の期間を定めてその履行を催告し、相手方が当該期間内にその義務を履行しないときは、契約を解除できる。

③管理業者が銀行の取引を停止されたとき、もしくは管理会社に、破産手続・会社更生手続・民事再生手続の申立てがあったときは、管理組合は、契約を解除できる。

④管理業者が適正化法の規定に違反し、登録の取消処分を受けたときは、管理組合は、契約を解除できる。

⑤管理組合及び管理業者は、その相手方に対し、少なくとも３か月前に書面で解約の申入れを行うことにより、管理委託契約を終了させることができる。

⑥有効期間満了の３か月前までに業務委託契約の更新について申出があった場合、更新についての協議が調わないときは、管理組合と管理業者は、現在の契約と同一の条件で期間を定めて暫定契約を締結できる。

⑦管理業者は、自らが暴力団等でないことを管理組合に対し確約しなければならない。確約に反していた場合、管理組合は、無催告で契約を解除できる。

DATE & RECORD

学習日	月 日	月 日	月 日	月 日
正答数	／5	／5	／5	／5

過去問＋予想問！ 目標4分で答えよう

❏❏❏ 管理組合及びマンション管理業者は、その相手方が、本契約に定められた義務の履行を怠った場合は、直ちに本契約を解除することができる。[R2-7-ア]

☞②答×

❏❏❏ マンション標準管理委託契約書では、管理組合は、管理業者が銀行の取引を停止されたとき、もしくは破産手続開始の決定等の申立てをしたとき、またはその申立てを受けたときは、管理委託契約の有効期間の途中であっても、契約を解除することができると定めている。[H16-9-2]

☞③答○

❏❏❏ マンション管理業者が、マンション管理適正化法の規定に違反し、業務停止の処分を受けた場合、管理組合は契約を解除することができる。[H24-8-ア]

☞④答×

❏❏❏ 管理組合及びマンション管理業者は、その相手方に対し、少なくとも１か月前に書面で解約の申入れを行うことにより、管理委託契約を終了させることができる。[R2-7-エ]

☞⑤答×

❏❏❏ 有効期間が満了する日の３か月前までに更新の申出があった場合において、更新に関する協議がととのう見込みがないときは、管理組合及び管理業者は、本契約と同一の条件で、期間を定めて暫定契約を締結することができる。[H23-7-イ]

☞⑥答○

第6編

建築・設備

1 建築構造(1)

必ず出る！基礎知識 目標6分で覚えよう

1 材料による分類

①合板は、薄い単板を繊維方向が直交するように積層したものである。

②集成材は、挽き板や小角材等を、繊維方向を平行に集成したものである。

③鉄は熱に弱いため、耐火被覆（ひふく）が必要である。

④鉄は錆びやすいため、防錆（ぼうせい）処理が必要である。

⑤鉄筋は、圧縮力が働くことによる座屈（ざくつ）を生じやすい。

⑥鉄骨造は、鉄筋コンクリート造よりも、耐火・遮音・耐振動性に劣る。

⑦鉄筋コンクリート造においては、施工現場でコンクリートを打つ工法のほかに、あらかじめ工場で生産されたものを用いるプレキャスト工法もある。

⑧コンクリートは、セメントと水を練ったセメントペーストによって砂・砂利等の骨材を固めたものである。

⑨コンクリートの持つアルカリ性が失われ、中性化することで、内部の鉄筋が錆びやすくなる。

⑩コンクリートは、圧縮強度が高く、引張強度が低い。

⑪鉄筋コンクリート造は、耐火・耐久性に富む。

2 形式による分類

⑫壁式構造は、壁や床などの構造部材により荷重や外力に対応する構造形式である。中低層の建物に多く用いられる。

⑬ラーメン構造は、柱と梁をしっかりと固定して建物の骨組みを構成することで荷重や外力に対応する構造形式である。開口部を大きくとることができる。

DATE & RECORD

学習日	月　日	月　日	月　日	月　日
正答数	／7	／7	／7	／7

過去問＋予想問！ 目標4分で答えよう

❑❑❑ 集成材は、挽き板（ラミナ）または小角材などを、繊維方向を長さの方向に平行に組み合わせ、接着剤により集成したものである。[H17-20-2] ☞②答○

❑❑❑ 鉄筋コンクリート造（RC 造）は、鉄筋とコンクリートの長所を生かすように合理的に組み合わせた構造で、一般的に鉄骨造に比べ耐火性に優れている。[H13-26-2] ☞⑥⑪答○

❑❑❑ プレキャストコンクリート工法で用いられる鉄筋コンクリートの部材の製造は工場で行われることが多く、現在では現場の構内で行われることはほとんどない。[H23-23-3] ☞⑦答×

❑❑❑ 建設当初にコンクリートが持つ強アルカリ性が徐々に失われ、内部の鉄筋が錆びやすい状況になる現象を、コンクリートの酸性化という。[H24-22-4] ☞⑨答×

❑❑❑ コンクリートは、耐火性に優れており、引張強度が大きい。[H22-18-3] ☞⑩答×

❑❑❑ 鉄筋コンクリート造のなかで「壁式構造」は、低層住宅に適した構造といえる。[H13-25-2] ☞⑫答○

❑❑❑ ラーメン構造は、柱と梁を組み合わせた直方体で構成する骨組である。[予想問] ☞⑬答○

2 建築構造(2)

必ず出る！基礎知識 目標6分で覚えよう

1 耐震性による分類

①耐震(たいしん)構造は、建物自体の剛性を高めることで、強い揺れを受けても建物が倒壊するのを防ぐ構造である。

②免震(めんしん)構造は、建物の基礎と上部構造との間に積層ゴムや免震装置を設置して、地震力を一部吸収して揺れを減らす。既存建物に対する事後的な免震化も可能である。

③制震(せいしん)構造は、建物骨組みに取りつけた制震ダンパーなどの制震装置で揺れを吸収する。工事費も安く、改修に向いている。

2 耐震診断・耐震改修

④マグニチュードは、値が1増えると、地震のエネルギーが32倍になる。

⑤建築基準法の耐震基準の目標は、大規模地震（震度6強～震度7）では建物にある程度の被害が出るのはやむを得ないが、人命に危害を及ぼすような倒壊等の被害を生じないようにすることである。

⑥地震によって震源から放射される地震波には、P波とS波があり、P波の方がS波より速く伝わる。

⑦鉄筋コンクリート造マンションの耐震性向上のための耐震補強工事は、柱や梁に鋼板や炭素繊維シートなどを巻くことによって、柱や梁のじん性（粘り強さ）を向上させる。

⑧ピロティとは、1階部で壁によって囲まれず、柱だけの外部に開かれた空間部分をいう。壁がないため、通常の建物と比較して耐震力に欠ける。

DATE & RECORD

学習日	月　日	月　日	月　日	月　日
正答数	／7	／7	／7	／7

過去問＋予想問！ 目標4分で答えよう

❑❑❑ 耐震構造は、建物の柱・梁などで剛性を高め、地震力に十分耐えられるようにした構造である。[予想問]
☞①答○

❑❑❑ 免震装置を設置することにより、建築物がゆっくりと水平移動し、建築物に作用する地震力を低減する構造形式を免震構造という。[R3-19-1]　☞②答○

❑❑❑ 制震構造は、制震ダンパーなどを設置し、揺れを制御する構造である。[予想問]　☞③答○

❑❑❑ 地震の規模を表すマグニチュードは、その値が１増えるごとにエネルギーが約10倍になる。[H29-20-1]
☞④答×

❑❑❑ 建築基準法の耐震基準の目標は、大規模地震（震度６強～震度７）であっても建物に損害が生じないようにすることである。[予想問]　☞⑤答×

❑❑❑ 地震波にはＰ波とＳ波があり、Ｐ波の方がＳ波より速く伝わる性質がある。[H29-20-4]　☞⑥答○

❑❑❑ １階ピロティ部分の柱に炭素繊維シートを巻くことは、既存マンションの地震対策として適切である。
[H19-28-4]　☞⑦⑧答○

3 建築構造(3)

必ず出る！基礎知識 目標6分で覚えよう

1 基　礎

①部分的に異なる構造方法による基礎を用いることは、不同沈下による建築物の損傷の一因となりうるため、避ける必要がある。

2 直接基礎

②直接基礎は、建物の荷重を直接地盤に伝えるもので、建物の規模が小さく軽量である場合や、地表近くに支持層となる良質の土層がある場合に採用される。フーチング基礎やベタ基礎等がある。

③フーチング基礎は、柱・壁の直下で、建物の荷重・外力を地盤面に分散させる基礎である。

④ベタ基礎は、許容地耐力（きょようじたいりょく）に比較して建築物の荷重が大きい場合に、建物の全平面にわたって一体となったフーチングを設ける基礎である。

3 杭基礎

⑤杭基礎は、建物の規模が大きく重量がある場合や、軟弱な土層が地表から相当深い場合等、直接基礎では安定的に建物を支えるのが難しいときに採用される。支持杭や摩擦杭等がある。

⑥支持杭は、杭を用い、杭の先端を支持層まで到達させて建物を支持する基礎である。

⑦摩擦杭は、支持層が深いところにあり、杭の先端を支持層に到達させるのが困難な場合に、杭周面の摩擦力で建物を支える基礎である。

DATE & RECORD

学習日	月　日	月　日	月　日	月　日
正答数	／6	／6	／6	／6

過去問＋予想問！ 目標4分で答えよう

❑❑❑ 1つの建築物で高さが部分的に異なる場合において，原則として，各部分の高さに応じて異なる構造方法による基礎を併用しなければならない。［R01-21-3］

☞①答×

❑❑❑ 直接基礎は、建物の荷重を直接地盤に伝えるもので、建物の規模が大きく重量がある場合や、地表近くに支持層となる良質の土層がある場合に採用される。［予想問］

☞②答×

❑❑❑ フーチング基礎は、柱・壁の直下で、建物の荷重・外力を地盤面に分散させる基礎である。［予想問］

☞③答○

❑❑❑ 杭基礎は、建物の規模が小さく軽量である場合や、軟弱な土層が地表から相当深い場合等、直接基礎では安定的に建物を支えるのが難しいときに採用される。支持杭や摩擦杭等がある。［予想問］ ☞⑤答×

❑❑❑ 支持杭は、杭を用い、杭の先端を支持層まで到達させて建物を支持する基礎である。［予想問］ ☞⑥答○

❑❑❑ 摩擦杭は、支持層が深いところにあり、杭の先端を支持層に到達させるのが困難な場合に、杭周面の摩擦力で建物を支える基礎である。［予想問］ ☞⑦答○

4 建築環境⑴：遮音・熱

必ず出る！基礎知識 目標6分で覚えよう

1 遮音関連

①軽量床衝撃音は、コップやスプーンのように比較的小さくて軽い物体が床に落下した場合等に、下階に発生する音をいう。遮音は、じゅうたん等を敷く等、衝撃力が少ない表面材の処理をすることが有効である。

②重量床衝撃音は、子どもが飛び跳ねるときの音のように、比較的重く硬い物体が床に落下した場合等に、下階に発生する音をいう。コンクリートスラブが厚い・密度が高い・剛性が高い等の場合に、遮音性が高くなる。

③床衝撃音の遮音等級は、L値で表す。L値が小さいほど遮音性能が高い。

④界壁の遮音等級は、D値で表す。D値が大きいほど遮音性能が高い。

⑤界壁の遮音においては、固体伝搬音よりも空気伝搬音の対策を重視しなければならない。

2 熱環境

⑥熱伝達とは、空気から壁の表面へ、または壁の表面から空気へ、熱が伝わることをいう。

⑦熱伝導とは、壁の高温側の表面から低温側の表面に熱が移動すること（壁内部での熱移動）をいう。

⑧内断熱は、断熱層が躯体の内側にある。結露が生じやすくなるなどのデメリットがある。

⑨外断熱は、断熱層は躯体の外側にある。結露は生じにくくなるが、コストは割高である。

DATE & RECORD

学習日	月　日	月　日	月　日	月　日
正答数	／7	／7	／7	／7

過去問＋予想問！ 目標4分で答えよう

❑❑❑ 軽量床衝撃音は、子どもが飛び跳ねるときの音のように比較的重く硬い物体が床に落下した場合等に下階に発生する音をいう。[予想問] ☞①②答×

❑❑❑ 重量床衝撃音は、コンクリートスラブが厚い・密度が高い・剛性が高い等の場合に、遮音性が高くなる。[予想問] ☞②答○

❑❑❑ 床衝撃音の遮音等級Ｌ値は、その値が大きいほど遮音性能が低い。[H25-22-4] ☞③答○

❑❑❑ 界壁の遮音等級Ｄ値は、その値が大きいほど遮音性能が高い。[H25-22-3] ☞④答○

❑❑❑ 熱貫流には、熱伝導と熱伝達の２つの要素があり、熱伝導とは、周囲流体から固体表面、または固体表面から周囲流体に熱が移動する現象であり、熱伝達とは、熱が物体の高温部から低温部へ移る現象である。[H26-21-2] ☞⑥⑦答×

❑❑❑ 内断熱は、結露は生じにくくなるが、コストは割高である。[予想問] ☞⑧⑨答×

❑❑❑ 外断熱は、結露が生じやすくなるなどのデメリットがある。[予想問] ☞⑧⑨答×

5 建築環境(2)：防水

必ず出る！基礎知識　目標6分で覚えよう

1 メンブレン防水

①メンブレン防水とは、薄い皮膜を面状に形成する工法をいう。屋根・屋上・廊下・バルコニーなど、漏水を避けたい場所に施工する。アスファルト防水・シート防水・塗膜防水などの種類がある。

②アスファルト防水は、アスファルトを加熱溶融して下地に貼り付けることで防水するものをいう。

③シート防水は、合成ゴム・塩化ビニル（塩ビ）などのシートを接着剤やビスで貼り付けて防水するものをいう。ゴム系は非歩行用の部位、塩ビ系は軽歩行用の部位に使用する。通常の歩行には耐えられないものもある。

④塗膜防水は、防水層の膜に樹脂類などを塗り、防水層をつくり防水するものをいう。改修では、バルコニー防水の主流工法として採用されている。

2 シーリング防水

⑤シーリング防水とは、コンクリートの打ち継ぎ部や目地部などに線状に防水を行う工法をいう。ウレタン系とシリコーン系が代表的である。

⑥ウレタン系は、性能や価格的に最も標準的で多用される。しかし、紫外線に弱く、劣化が早いなどの欠点がある。

⑦シリコーン系は、高性能だが使用箇所が制限されるなどの欠点がある。

DATE & RECORD

学習日	月　日	月　日	月　日	月　日
正答数	／7	／7	／7	／7

過去問＋予想問！ 目標4分で答えよう

❏❏❏ メンブレン防水とは、被膜を形成して防水層を作る工法の総称で、アスファルト防水を含めない。[H28-20-1]　☞①②答×

❏❏❏ アスファルト防水は、メンブレン防水の一種で、アスファルトを加熱溶融して下地に貼り付けることで防水するものである。[予想問]　☞②答○

❏❏❏ シート防水層、塗膜防水層は、仕上げの種類にかかわらず通常の歩行に耐えうる。[H28-20-4]　☞③答×

❏❏❏ 塗膜防水は、メンブレン防水の一種で、防水層の膜に樹脂類などを塗り、防水層をつくり防水する。改修ではバルコニー防水の主流工法として採用されている。[予想問]　☞④答○

❏❏❏ シーリング防水とは、コンクリートの打ち継ぎ部や目地部などに線状に防水を行う工法である。[予想問]　☞⑤答○

❏❏❏ シリコーン系は、性能や価格的に最も標準的で多用される。しかし、紫外線に弱く、劣化が早いなどの欠点がある。[予想問]　☞⑥⑦答×

❏❏❏ ウレタン系は、高性能だが使用箇所が制限されるなどの欠点がある。[予想問]　☞⑥⑦答×

6 建築環境(3)：防犯

必ず出る！基礎知識 目標6分で覚えよう

1 防犯に配慮した設計

①管理人室を設置する場合にあっては、住戸内と管理人室との間で通話が可能な機能等を有するインターホンを設置することが望ましい。

②エレベーターのかご内には、防犯カメラ等の設備を設置することが望ましい。

③接地階の住戸のバルコニーの外側等の住戸周りは、住戸のプライバシーの確保に配慮しつつ、周囲からの見通しを確保したものとすることが望ましい。

2 照　明

④ 10 m先の人の顔・行動が明確に識別でき、誰であるかが明確にわかる程度以上の照度は、概ね 50 ルクス以上である。

⑤ 10 m先の人の顔・行動が識別でき、誰であるかがわかる程度以上の照度は、概ね 20 ルクス以上である。

⑥ 4 m先の人の挙動・姿勢等が識別できる程度以上の照度は、概ね 3 ルクス以上である。

⑦共用玄関の内側の床面・共用メールコーナー・共用玄関の存する階のエレベーターホール・エレベーターのかご内は、概ね 50 ルクス以上とする。

⑧共用玄関の外側の床面・共用玄関以外の共用出入口・共用玄関の存する階以外のエレベーターホール・共用廊下・共用階段は、概ね 20 ルクス以上とする。

⑨自転車置場・オートバイ置場・駐車場・通路は、概ね 3 ルクス以上とする。

DATE & RECORD

学習日	月　日	月　日	月　日	月　日
正答数	／5	／5	／5	／5

過去問＋予想問！ 目標4分で答えよう

❑❑❑ 「共同住宅に係る防犯上の留意事項」において、共用部分の床面または地面に必要な平均水平面照度として、10 m先の人の顔、行動が明確に識別でき、誰であるか明確にわかる程度以上の照度は、概ね50ルクス以上とされている。［H26-24-3］ ☞④答○

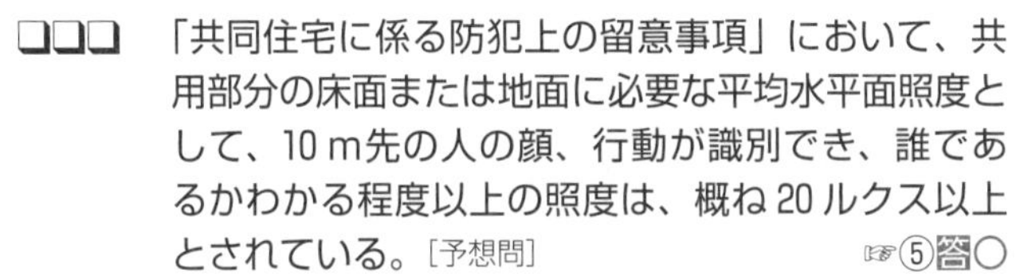
❑❑❑ 「共同住宅に係る防犯上の留意事項」において、共用部分の床面または地面に必要な平均水平面照度として、10 m先の人の顔、行動が識別でき、誰であるかわかる程度以上の照度は、概ね20ルクス以上とされている。［予想問］ ☞⑤答○

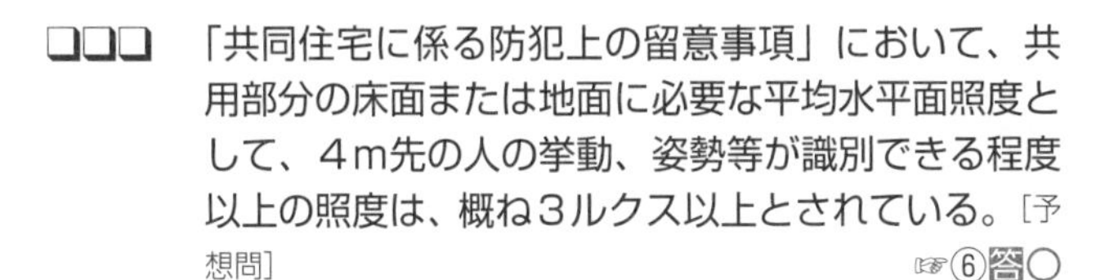
❑❑❑ 「共同住宅に係る防犯上の留意事項」において、共用部分の床面または地面に必要な平均水平面照度として、4m先の人の挙動、姿勢等が識別できる程度以上の照度は、概ね3ルクス以上とされている。［予想問］ ☞⑥答○

❑❑❑ 共用玄関の内側の床面・共用メールコーナー・共用玄関の存する階のエレベーターホール・エレベーターのかご内は、概ね50ルクス以上とする。［予想問］ ☞⑦答○

❑❑❑ 共用玄関の外側の床面・共用玄関以外の共用出入口・共用玄関の存する階以外のエレベーターホール・共用廊下・共用階段は、概ね50ルクス以上とする。［予想問］ ☞⑧答×

---

7 水道法(1)

必ず出る！基礎知識 目標6分で覚えよう

1 水道の分類

①専用水道は、寄宿舎・社宅・療養所・共同住宅等における自家用の水道であり、水道事業の用に供する水道（水道局の水道）以外の水道であって、100人を超える者にその居住に必要な水を供給するもの、またはその水道施設の１日の最大給水量が政令で定める基準（生活等に使用する水量20㎥）を超えるものをいう。

②専用水道の水源は、他の水道（水道局）から供給を受ける水の場合であっても、他の水道から供給を受ける水のみを水源としない場合（自己水源・井戸水）であってもよい。

③貯水槽水道は、水道事業の用に供する水道及び専用水道以外の水道であって、水道事業の用に供する水道（水道局）から供給を受ける水のみを水源とするものをいう。

④貯水槽水道は、受水槽の規模により、簡易専用水道（10㎥超）と小規模貯水槽水道（10㎥以下）に分類される。

2 専用水道の残留塩素の測定

⑤専用水道の設置者は、残留塩素を毎日測定する。平時で遊離残留塩素濃度が0.1mg／ℓ以上必要である。

3 簡易専用水道の定期検査

⑥簡易専用水道に係る施設及びその管理の状態に関する検査は、水質に害を及ぼすおそれがあるものか否かを検査するものであるため、当該水槽の水を抜かずに行う。

⑦給水栓における臭気・味・色・色度・濁度・残留塩素に関する検査は、あらかじめ給水管内に停滞していた水が新しい水に入れ替わるまで放流してから採水する。

DATE & RECORD

学習日	月　日	月　日	月　日	月　日
正答数	／6	／6	／6	／6

過去問＋予想問！ 目標4分で答えよう

❏❏❏ 専用水道とは、80人を超える者にその居住に必要な水を供給するものまたはその水道施設の1日最大給水量が政令で定める基準を超えるもののいずれかに該当するものをいう。[H16-22-1]

☞①答×

❏❏❏ 貯水槽水道とは、水道事業の用に供する水道及び専用水道以外の水道であって、水道事業の用に供する水道から供給を受ける水のみを水源とするものをいう。[H16-22-3]

☞③答○

❏❏❏ 水道法によれば、簡易専用水道とは、水道事業の用に供する水道及び専用水道以外の水道であって、水道事業の用に供する水道から供給を受ける水のみを水源とし、その供給を受けるために設けられる水槽の有効容量の合計が20㎥を超えるものをいう。[R3-20-1]

☞④答×

❏❏❏ 専用水道の設置者は残留塩素を毎日測定しなければならない。平時で遊離残留塩素濃度が1㎎／ℓ以上必要である。[予想問]

☞⑤答×

❏❏❏ 簡易専用水道に係る施設及びその管理の状態に関する検査は、水質に害を及ぼすおそれがあるものか否かを検査するものである。当該水槽の水を抜いて行うのがよい。[予想問]

☞⑥答×

❏❏❏ 給水栓における臭気・味・色・色度・濁度・残留塩素に関する検査は、あらかじめ給水管内に停滞していた水を採水する。[予想問]

☞⑦答×

---

8 水道法(2)

必ず出る！基礎知識 目標6分で覚えよう

1 専用水道の管理

①専用水道の設置者は、水道技術管理者を１人置く。

②専用水道の設置者は、供給する水が人の健康を害するおそれがあることを知ったときは、直ちに給水を停止し、かつ、水の使用が危険である旨を関係者に周知させる措置を講じなければならない。

③専用水道の設置者は、水道水が水質基準に適合するか否かを判断するため、定期及び臨時に水質検査を行わなければならない。定期の水質検査には、１日に１回以上行う項目・概ね１か月に１回以上行う項目・概ね３か月に１回以上行う項目がある。

④専用水道の設置者は、水質検査の検査記録を５年間保存する。

2 貯水槽水道（簡易専用水道・小規模貯水槽水道）の管理

⑤貯水槽水道の設置者は、１年以内ごとに１回定期に水槽の掃除を実施する。

⑥貯水槽水道の設置者は、給水栓の水の色・濁り・臭い・味等の状態で供給する水に異常を認めたときは、水質基準に関する省令で規定される51の水質基準項目のうち、必要な検査を行う。なお、この検査には残留塩素に関する検査が含まれていない。

⑦貯水槽水道は、１年以内ごとに１回、地方公共団体の機関または厚生労働大臣の登録を受けた者の定期検査を受けなければならない。なお、この検査には残留塩素に関する検査が含まれる。

DATE & RECORD

学習日	月　日	月　日	月　日	月　日
正答数	／6	／6	／6	／6

過去問+予想問! 目標4分で答えよう

□□□ 専用水道の設置者は、水道技術管理者を1人置く。
[予想問]　☞①答○

□□□ 貯水槽水道の設置者は、水道水が水質基準に適合するか否かを判断するため、定期（1日に1回以上行う項目・概ね1か月に1回以上行う項目・概ね3か月に1回以上行う項目）及び臨時に水質検査を行わなければならない。[予想問]　☞③答×

□□□ 専用水道の設置者は、定期・臨時の水質検査を行い、その検査記録を1年間保存する。[予想問]　☞④答×

□□□ 「水質基準に関する省令」では、水道水の水質基準として、26の検査項目が示されている。[H28-21-2]
☞⑥答×

□□□ 貯水槽水道の設置者は、給水栓の水の色・濁り・臭い・味等の状態で供給する水に異常を認めたときは、水質基準に関する省令で規定される51の水質基準項目のうち、必要な検査を行う。なお、この検査に残留塩素に関する検査が含まれている。[予想問]
☞⑥答×

□□□ 貯水槽水道は、1年以内ごとに1回、地方公共団体の機関または厚生労働大臣の登録を受けた者の定期検査を受けなければならない。なお、この検査には残留塩素に関する検査が含まれていない。[予想問]
☞⑦答×

給水設備⑴

必ず出る！基礎知識　目標6分で覚えよう

1 各種給水方式

①水道直結方式（直結直圧方式）は、圧力の変化を受けやすいので、使用量が大きい建物には適さない。

②増圧直結方式（直結増圧方式）とは、増圧給水ポンプを経て直接各住戸に給水する方式である。中規模までのマンションやビルに適している。

③高置水槽方式とは、水を受水槽へ一時的に貯水し、その後高置水槽へ揚水して、重力により各階の住戸に給水する方式である。圧力の変動が少なく安定しているが、上階では水圧不足、下階では水圧過大になりやすいという特徴がある。断水時や停電時でも、一定期間は供給できる。

④圧力タンク方式とは、水を受水槽へ一時的に給水し、その後加圧ポンプで圧力タンクに給水して、圧力タンク内の空気を圧縮増圧させて各階の住戸に給水する方式である。小規模マンションに採用が多い。

⑤ポンプ直送方式（タンクレスブースター方式）は、水道本管から分岐して引き込んだ水を受水槽へ一時的に貯水し、その後加圧ポンプで直接加圧して各住戸に給水する方式。

2 配　管

⑥水道用亜鉛めっき鋼管は、白ガス管とも呼ばれ、錆びやすいため、現在ではほとんど採用されない。

⑦クロスコネクションとは、飲料水の配管（給水管）と他の配管とを直接連結することをいう。給水系統は、いかなる場合も、クロスコネクションが禁止されている。

DATE & RECORD

学習日	月　日	月　日	月　日	月　日
正答数	／6	／6	／6	／6

過去問＋予想問！ 目標4分で答えよう

❑❑❑ 水道直結方式（直結直圧方式）は、圧力の変化を受けやすいので、使用量が大きい建物には適さない。
[予想問] ☞①答○

❑❑❑ 高置水槽方式とは、水を受水槽へ一時的に貯水し、その後高置水槽へ揚水して、重力により各階の住戸に給水する方式。圧力の変動が少なく安定しているが、下階では水圧不足、上階では水圧過大になりやすいという特徴がある。[予想問] ☞③答×

❑❑❑ 増圧直結方式とは、水を受水槽へ一時的に給水し、その後加圧ポンプで圧力タンクに給水して、圧力タンク内の空気を圧縮増圧させて各階の住戸に給水する方式。小規模マンションに採用が多い。[予想問]
☞④答×

❑❑❑ ポンプ直送方式（タンクレスブースター方式）は、水道本管から分岐して引き込んだ水を受水槽へ一時的に貯水し、その後加圧ポンプで直接加圧して各住戸に給水する方式である。[予想問] ☞⑤答○

❑❑❑ 水道用亜鉛めっき鋼管は白ガス管とも呼ばれ、錆びにくい性質のため、現在主に配管で使われている。
[予想問] ☞⑥答×

❑❑❑ クロスコネクションとは、飲料水の配管（給水管）と他の配管とを直接連結することをいう。現在、多くの住戸でクロスコネクションが採用されている。
[予想問] ☞⑦答×

10 給水設備(2)

必ず出る！基礎知識 目標6分で覚えよう

1 飲料用水槽

①受水槽の容量は、マンション全体で１日に使用する水量の２分の１程度を確保できるようにする。

②高置水槽の容量は、マンション全体で１日に使用する水量の10分の１程度を確保できるようにする。

③居住者１人当たりの１日の使用水量は、200ℓ～350ℓとされている。

④受水槽を耐力壁などの面に接して堅固に固定することは、禁止されている。

⑤飲料用水槽は、原則として、天井面から100㎝以上、床・壁から60㎝以上離して設置する。

⑥飲料用受水槽のマンホール面は、ほこりなどが入らないように、受水槽の天井面より10㎝以上立ち上げる。

⑦飲料用の受水槽には、受水槽内部の保守点検が容易に行えるように、直径60㎝の円が内接する大きさ以上のマンホールを設置する。

⑧ FRP（繊維強化プラスチック）製の水槽は、光透過性が高い。そのため、藻類が増殖する可能性がある。

2 給水圧力

⑨水栓を閉める際に生じるウォーターハンマーを防止するため、給水管内の流速は1.5m/s～2.0m/sとなるように調節する。

⑩専有部分の浴室のシャワーにおいて、給水に支障がないようにするための必要給水圧力は、70kPaである。

DATE & RECORD

学習日	月　日	月　日	月　日	月　日
正答数	／7	／7	／7	／7

過去問＋予想問！ 目標4分で答えよう

❑❑❑ 受水槽の有効容量は、１日予想給水量の３倍とすることが望ましい。[H27-21-4] ☞①答×

❑❑❑ 高置水槽の容量は、マンション全体で１日に使用する水量の２倍程度を確保できるようにする。[予想問] ☞②答×

❑❑❑ 建築物の内部に設けられる飲料用水槽については、有効水量２㎥以下の取り外しができるものを除き、天井、底または周壁の保守点検ができるよう、床、壁及び天井面から45㎝以上離れるように設置すること。[H24-24-2] ☞⑤答×

❑❑❑ 飲料用受水槽のマンホール面は、ほこりなどが入らないように、受水槽の天井面より５㎝以上立ち上げる。[予想問] ☞⑥答×

❑❑❑ 建築基準法により、共同住宅の給水タンクに保守点検用のマンホールを設置する必要がある場合には、そのマンホールは、直径60㎝以上の円が内接することができるものとしなければならない。[R3-20-2] ☞⑦答○

❑❑❑ 給水管でのウォーターハンマーを防止するために、管内流速が過大とならないように流速は毎秒1.5～2.0ｍ以下が標準とされている。[R3-20-3] ☞⑨答○

❑❑❑ 専有部分の浴室のシャワーにおいて、給水に支障がないようにするための必要給水圧力は、70kPaである。[予想問] ☞⑩答○

11 給湯設備

必ず出る！基礎知識 目標6分で覚えよう

1 給湯設備の種類

①局所給湯方式とは、必要な箇所に個別に設置する方式。台所の流しなどに給湯器を設置する。

②住戸セントラル方式とは、住戸ごとに給湯器を設置する方式。マンションなどでは、この方式が主流で、メーターボックスなどに小型の給湯器を設置して部屋内に送る。

③住棟セントラル（中央式）給湯方式とは、建物の屋上や地下にボイラー室を設置して、建物内に供給する方式。ホテルや商業ビルでは、この方式を採用することが多い。

2 出湯能力

④ガス給湯器の湯を給湯する出湯能力は号数で表され、1号とは、入水温度を25℃上昇させた湯を毎分1ℓ出湯できる能力をいう。

3 さや管ヘッダー方式

⑤さや管ヘッダー方式は、洗面所等の水回り部に設置されたヘッダーから管をタコ足状に分配し、各水栓等の器具に単独接続するものをいう。

⑥さや管ヘッダー方式における専有部分内の給水・給湯配管には、樹脂性（ポリブテン管、架橋ポリエチレン管）が用いられる。

4 瞬間式給湯器

⑦ガス瞬間式給湯器には、元止め式（給湯器本体の入口側水栓の開閉）と、先止め式（給湯器の出口側の水栓の開閉）がある。近年の新築マンションの住戸内セントラル方式の場合は、先止め式が一般的である。

DATE & RECORD

学習日	月　日	月　日	月　日	月　日
正答数	／6	／6	／6	／6

過去問＋予想問！ 目標 4 分で答えよう

❏❏❏ 住戸セントラル方式とは、住戸ごとに給湯器を設置する方式である。マンションなどでは、この方式が主流で、メーターボックスなどに小型の給湯器を設置して部屋内に送る。［予想問］ ☞②答○

❏❏❏ 住棟セントラル（中央式）給湯方式とは、建物の屋上や地下にボイラー室を設置して、建物内に供給する方式である。ホテルや商業ビルでは、この方式を採用することが多い。［予想問］ ☞③答○

❏❏❏ ガス給湯機の能力表示における1号とは、毎分流量1ℓの水の温度を25℃上昇させる能力をいう。［R4-22-4］ ☞④答○

❏❏❏ さや管ヘッダー方式は、洗面所等の水回り部に設置されたヘッダーから管をタコ足状に分配し、各水栓等の器具に単独接続するものである。［予想問］ ☞⑤答○

❏❏❏ さや管ヘッダー方式における専有部分内の給水・給湯配管には、ポリブテン管や架橋ポリエチレン管が用いられる。［予想問］ ☞⑥答○

❏❏❏ ガス瞬間式給湯器には元止め式と先止め式があるが、住戸セントラル方式に用いられるのは元止め式である。［H17-25-3］ ☞⑦答×

---

12 排水設備(1)

必ず出る！基礎知識　目標6分で覚えよう

1 排水の方式

①敷地内の排水方式における合流式は、汚水・雑排水を同じ排水系統にし、雨水を別の排水系統にする。

②敷地内の排水方式における分流式は、汚水・雑排水・雨水をそれぞれ別々の排水系統にする。

③公共下水道の排水方式における合流式は、汚水・雑排水・雨水を合流させ、終末処理場に排水する。

④公共下水道の排水方式における分流式は、汚水・雑排水を終末処理場に排水し、雨水を都市下水路等へ放流する。

2 排　水　管

⑤塩化ビニル管（塩ビ管）は、強靭性・耐衝撃性・耐火性で鋼管より劣るが、軽量で耐食性に優れているので、専有部分や排水管などに多く使われている。

⑥一般に、管径が太いものほど緩やかな勾配となる。

3 排水管の洗浄方法

⑦塩ビ管にスネークワイヤ法を適用すると、その曲り部分が削られる危険性がある。

⑧ロッド法は、主に敷地排水管に適用され、排水ますから長い棒をつなぎあわせた器具を挿入して作業する。

4 排水設備（トラップ）

⑨排水設備は、二重トラップとならないように設置しなければならない。

⑩排水トラップの封水深は、トラップの形状を問わず、5cm以上10cm以下である。

DATE & RECORD

学習日	月　日	月　日	月　日	月　日
正答数	／7	／7	／7	／7

過去問＋予想問！ 目標4分で答えよう

❑❑❑ マンション敷地内の排水方法には、汚水と雑排水を同一の系統で排水する合流式と、汚水と雑排水を別々の系統で排水する分流式がある。[H13-20-2]

☞①②答○

❑❑❑ 下水道では、汚水を流す管と、雑排水及び雨水を流す管をそれぞれ別に設けたものを分流式という。[H16-23-1]

☞④答×

❑❑❑ 鋼管は、強靭性・耐衝撃性・耐火性で塩ビ管より劣るが、軽量で耐食性に優れているので、専有部分や排水管などに多く使われている。[予想問]

☞⑤答×

❑❑❑ 排水横管の必要最小勾配は、管径が太くなるほど小さくなる。[H15-23-2]

☞⑥答○

❑❑❑ 塩化ビニル管にスネークワイヤ法を適用すると、その曲り部分が削られる危険性がある。[H26-26-2]

☞⑦答○

❑❑❑ 排水トラップは、排水管内の臭気、衛生害虫の移動を有効に防止するため、二重に設けることが望ましい。[H14-21-3]

☞⑨答×

❑❑❑ 排水トラップ内部のたまり水を封水といい、封水深は25㎜以上125㎜以下とする。[H15-23-1]

☞⑩答×

13 排水設備(2)

必ず出る！基礎知識 目標6分で覚えよう

1 雨水排水設備

①雨水排水立て管は、汚水排水管もしくは通気管と兼用し、またはこれらの管に連結してはならない。雑排水管と兼用したり接続したりすることもできない。

②敷地内の排水のために埋設する雨水排水管の起点や合流箇所等には、保守点検や清掃を容易にするために、雨水排水ますを設置する。

③雨水排水ますには、深さ150mm以上の泥だめ（泥だまり）を設けて、直接土砂が下水道等に流れ込まない構造とする。

④公共下水道が合流方式の場合、臭気が雨水系統へ逆流しないように、合流箇所にはトラップ機能を有するトラップますを設ける必要がある。

2 通気設備

⑤伸頂通気管とは、排水立て管の頂部を延長して大気中に開口したものをいう。

⑥通気立て管とは、その下端を排水立て管の下部または排水横主管に接続し、その上端を屋上またはその近辺で大気に開口する管で、排水立て管の流れを円滑にする機能を持つ。

⑦高層マンションで用いられる結合通気管とは、排水立て管内の排水立て管の下層階で生じた正圧、上層階で生じた負圧を緩和するために用いる。

DATE & RECORD

学習日	月　日	月　日	月　日	月　日
正答数	／6	／6	／6	／6

過去問＋予想問！ 目標4分で答えよう

❑❑❑ 雨水排水立て管は、汚水排水管もしくは通気管と兼用し、またはこれらの管に連結してはならない。
[H16-23-2] ☞①答○

❑❑❑ 敷地雨水管の合流箇所、方向を変える箇所などに用いる雨水排水ますに設けなければならない泥だまりの深さは、100㎜以上でなければならない。[H23-19-2]
☞②③答×

❑❑❑ 雨水排水ますには、雨水中に混在する泥などが排水管に流れ込まないようにするために、150㎜以上の泥だまりを設ける。[R01-23-3] ☞③答○

❑❑❑ 公共下水道が合流方式の場合、臭気が雨水系統へ逆流しないように、合流箇所にはトラップ機能を有するトラップますを設ける必要がある。[予想問]
☞④答○

❑❑❑ 伸頂通気管とは、最上部の排水横枝管が排水立て管に接続した点よりも更に上方へ、その排水立て管を立ち上げて、これを通気管に使用する部分をいう。
[R2-23-4] ☞⑤答○

❑❑❑ 高層マンションで用いられる結合通気管とは、排水立て管内の排水立て管の下層階で生じた負圧、上層階で生じた正圧を緩和するために用いる。[予想問]
☞⑦答×

14 消防法・消防用設備(1)

必ず出る！基礎知識 目標6分で覚えよう

1 防火管理者

①共同住宅で居住者の数が50人以上の場合、管理について権原を有する者は、防火管理者を定めなければならない。

②管理権原者は、防火管理者を選任・解任したときは、遅滞なくその旨を所轄消防長または消防署長に届け出なければならない。

③防火管理者の業務には、消防計画の作成が含まれる。

④防火管理者の業務には、消防計画に基づく消火・通報・避難の訓練の実施が含まれる。

⑤防火管理者により防火上の管理を行わなければならない防火対象物で、延べ面積が500㎡以上のものの防火管理者は、甲種防火管理講習の課程を修了した者その他一定の資格を有する者でなければならない。

2 住宅用防災機器等の設置

⑥新築住宅・既存住宅を問わず、すべての住宅に住宅用防災警報器または住宅用防災報知設備の設置が義務づけられている。

⑦住宅用防災機器等を天井に取り付ける場合には、壁または梁から水平距離で0.6m以上離れた位置（天井の中心付近）とする。壁に取り付ける場合には、天井の下方0.15m以上0.5m以下の位置とする。また、換気口等の空気の吹き出し口がある場合には、1.5m以上離れた位置に取り付ける。

DATE & RECORD

学習日	月　日	月　日	月　日	月　日
正答数	／6	／6	／6	／6

過去問+予想問！ 目標4分で答えよう

❏❏❏ 居住者が50人以上である共同住宅では、防火管理者を選任する必要がある。[R2-20-1] ☞①答○

❏❏❏ 消防法によれば、一定の防火対象物の管理について権原を有する者は、防火管理者を定め、遅滞なく所轄消防長または消防署長に届け出なければならない。[H20-45-1] ☞②答○

❏❏❏ 消防法第8条第1項の管理について権原を有する者は、政令で定める資格を有する者のうちから防火管理者を定め、政令で定めるところにより、消防計画に基づく消火、通報及び避難の訓練の実施を行わせなければならない。[R3-24-2] ☞④答○

❏❏❏ 防火管理者により防火上の管理を行わなければならない防火対象物で、延べ面積が500㎡以上のものの防火管理者は、甲種防火管理講習の課程を修了した者その他一定の資格を有する者でなければならない。[H24-19-2] ☞⑤答○

❏❏❏ 住宅用防災機器の設置場所は、天井面に限られ、壁面に設置してはならない。[R2-21-4] ☞⑦答×

❏❏❏ 住宅用防災警報器及び住宅用防災報知設備の感知器は、天井にあっては壁またははりから0.6m以上離れた屋内に面する部分、壁にあっては天井から下方0.15m以上0.5m以内の位置にある屋内に面する部分で、かつ、換気口等の空気吹出し口から1.0m以上離れた位置に設置しなければならない。[H25-18-3] ☞⑦答×

15 消防法・消防用設備(2)

必ず出る！基礎知識 目標6分で覚えよう

1 消防用設備の設置・維持

①防火対象物の関係者は、消防用設備等について定期に点検を行い、その結果を消防長または消防署長に報告しなければならない。

2 消火設備

②消火器は、延べ面積150㎡以上の場合等に設置する。

③屋内消火栓設備は、延べ面積700㎡以上の場合等に設置する。

④１号消火栓は、消火栓からの有効範囲が半径25 m以下。１人での操作は難しいため、通常２人以上で使用する。

⑤易操作性(いそうさせい)１号消火栓は、放水量は１号消火栓と同程度だが、１人でも操作可能である。

⑥２号消火栓は、消火栓からの有効範囲が半径15 m以下。１人でも操作可能である。

⑦スプリンクラーは、一般的に用いられているのは湿式だが、寒冷地などでは配管内の水が凍ってしまうのを防ぐために乾式が用いられる。

⑧スプリンクラーは、原則として11階以上の部分に設置が義務づけられている。

3 警報設備

⑨自動火災報知設備は、マンションでは、原則として延べ面積500㎡以上で設置が義務づけられている。

⑩停電時の非常電源として蓄電池を用いる自動火災報知設備は、有効に10分間以上作動できるものでなければならない。

DATE & RECORD

学習日	月　日	月　日	月　日	月　日
正答数	／7	／7	／7	／7

過去問＋予想問！ 目標4分で答えよう

❑❑❑ 防火対象物の関係者は、消防用設備等について定期に点検を行い、その結果を消防長または消防署長に報告しなければならない。［予想問］ ☞①答○

❑❑❑ 消火器は、延べ面積 100㎡以上の場合等に設置する。［予想問］ ☞②答×

❑❑❑ 屋内消火栓設備は、延べ面積 500㎡以上の場合等に設置する。［予想問］ ☞③答×

❑❑❑ 1号消火栓は、消火栓からの有効範囲が半径 15 m以下であり、1人でも操作可能である。［予想問］ ☞④答×

❑❑❑ スプリンクラーは、一般的に用いられているのは乾式だが、寒冷地などでは湿式が用いられる。［予想問］ ☞⑦答×

❑❑❑ 自動火災報知設備は、マンションでは原則として延べ面積 500㎡以上で設置が義務づけられている。［予想問］ ☞⑨答○

❑❑❑ 停電時の非常電源として蓄電池を用いる自動火災報知設備は、有効に 10 分間以上作動できるものでなければならない。［H26-20-4］ ☞⑩答○

16 消防法・消防用設備(3)

必ず出る！基礎知識 目標6分で覚えよう

1 避難設備

①誘導灯は、共同住宅（マンション等）では地階・無窓階・11階以上の部分について設置が義務づけられている。

2 消火活動上必要な施設

②連結送水管は、5階（地階を除く）以上で延べ面積6,000㎡以上の場合、または7階（地階を除く）以上の場合に設置が義務づけられる。

③連結送水管の放水口は、3階以上の階に設置する。

④非常コンセント設備は、11階以上（地階を除く）の場合に設置が義務づけられ、11階以上の階の消防隊が有効に消火活動をできる場所（階段室や非常用エレベーターの乗降ロビー等）に設置される。

3 消防用設備等の点検・報告

⑤機器点検とは、従来の作動点検・外観点検・機能点検が統合されたものである。消防用設備等の種類に応じて確認する点検で、6か月に1回行うものをいう。

⑥総合点検とは、消防用設備等の一部または全部を作動させて、総合的な機能を確認する点検で、1年に1回行うものをいう。

⑦防火対象物の関係者は、マンションの場合、3年に1回、消防長または消防署長に点検結果を報告しなければならない。

DATE & RECORD

学習日	月　日	月　日	月　日	月　日
正答数	／7	／7	／7	／7

過去問＋予想問！ 目標4分で答えよう

❑❑❑ 誘導灯は、共同住宅（マンション等）では地階・無窓階・15階以上の部分について設置が義務づけられている。［予想問］ ☞①答×

❑❑❑ 連結送水管は、5階（地階を除く）以上で延べ面積6,000㎡以上の場合、または7階（地階を除く）以上の場合に設置が義務づけられる。［予想問］ ☞②答○

❑❑❑ 連結送水管の放水口は11階以上の階に設置する。［予想問］ ☞③答×

❑❑❑ 非常コンセント設備は、3階以上（地階を除く）の場合に設置が義務づけられ、3階以上の階の消防隊が有効に消火活動をできる場所（階段室や非常用エレベーターの乗降ロビー等）に設置される。［予想問］ ☞④答×

❑❑❑ 機器点検とは、従来の作動点検・外観点検・機能点検が統合されたもので、消防用設備等の種類に応じて確認する点検で、1年に1回行うものをいう。［予想問］ ☞⑤答×

❑❑❑ 総合点検とは、消防用設備等の一部または全部を作動させて、総合的な機能を確認する点検で、3年に1回行うものをいう。［予想問］ ☞⑥答×

❑❑❑ 防火対象物の関係者は、マンションの場合、3年に1回、消防長または消防署長に点検結果を報告しなければならない。［予想問］ ☞⑦答○

17 昇降機設備

必ず出る！基礎知識 目標６分で覚えよう

1 構造に関する規定

①乗用エレベーターの最大定員は、重力加速度を9.8メートル毎秒毎秒、１人当たりの体重を65kgとして計算する。
②原則として、構造上軽微な部分を除き、昇降路の壁または囲い及び出入口の戸は、難燃材料で造りまたは覆う。
③出入口の床先とかごの床先との水平距離は、４㎝以下とする。
④新築建物のエレベーターに必要とされる地震時管制運転装置とは、地震等の加速度を検知して自動的にかごを昇降路の最寄りの階の出入口の戸の位置に停止させ、かつ、かごの出入口及び昇降路の出入口の戸を開くことができる安全装置である。
⑤火災時管制運転装置とは、防災センター等の監視盤に設けた火災管制スイッチや自動火災報知器からの信号により、火災時にエレベーターを一斉に避難階へ呼び戻して運転を休止させる装置である。

2 保守契約

⑥標準管理委託契約書では、エレベーターの点検方式はフルメンテナンス契約かPOG契約のどちらかを選択することとされている。
⑦フルメンテナンス契約には、修繕費は含まれるが、乗場扉等については含まれない。
⑧POG契約には、定期的点検や消耗品の交換は含まれるが、それ以外の部品の取替え等は含まれない。

DATE & RECORD

学習日	月　日	月　日	月　日	月　日
正答数	／6	／6	／6	／6

過去問＋予想問！ 目標4分で答えよう

❑❑❑ 乗用エレベーターの最大定員の算定においては、重力加速度を9.8m/s^{2}として、1人当たりの体重を60kgとして計算しなければならない。[H23-20-2]

☞①答×

❑❑❑ エレベーターの出入口の床先とかごの床先の水平距離は、6㎝以下としなければならない。[H19-20-3]

☞③答×

❑❑❑ 近年の地震による閉じ込め事故の多発が契機となり、エレベーターの構造等に関する建築基準法施行令等の改正により、新築建物のエレベーターには地震時管制運転装置を設けなければならないこととなった。[H27-24-3]

☞④答○

❑❑❑ 火災時管制運転装置とは、防災センター等の火災管制スイッチの操作や自動火災報知器からの信号により、エレベーターを一斉に避難階に呼び戻す装置をいう。[H28-19-3]

☞⑤答○

❑❑❑ 昇降機設備の保守契約におけるフルメンテナンス契約とは、昇降機器の部品取替え、機器の修理を状況に合わせて行うことを内容とした契約方式であるが、乗場扉・三方枠の塗装、意匠変更による改造等一定のものは含まれない。[H13-22-1]

☞⑦答○

❑❑❑ 昇降機設備の保守契約におけるPOG契約とは、消耗部品付契約のことで、定期点検、管理仕様範囲内の消耗品の交換は含まれるが、それ以外の部品の取替え、修理は含まれない契約方式である。[H13-22-2]

☞⑧答○

18 電気設備

必ず出る！基礎知識 目標6分で覚えよう

1 電気設備

①高圧引込み・特別高圧引込みの場合には、建物に電力会社が使用する電気室を設け、引き込んだ電気を低圧に変圧して各住戸に電力を提供する。

②単相３線式とは、３本の電線のうち、真ん中の中性線と上または下の電圧線を利用すれば100ボルト、中性線以外の上と下の電圧線を利用すれば200ボルトが利用できる方式である。

③単相３線式で引き込んでいる住戸においては、漏電遮断器は、中性線欠相(けっそう)保護機能付きのものとするのが望ましい。

④単相２線式とは、電圧線と中性線の２本の線を利用する方式である。そのため、単相３線式とは異なり、100ボルトしか使用することができない。

2 住宅用分電盤

⑤サービスブレーカーは、電力会社の所有物である。

⑥漏電ブレーカー･安全ブレーカーは、消費者の所有物である。

3 電気工作物

⑦一般用電気工作物とは、電気設備の規模が小さい、一般の住宅や小売商店などの電気設備で、600ボルト以下で受電するものや小出力発電設備のことをいう。

⑧事業用電気工作物とは、一般用電気工作物以外の電気工作物をいい、用途（自家用・事業用）によって自家用電気工作物と電気事業の用に供する電気工作物にわかれる。

学習日	月　日	月　日	月　日	月　日
正答数	／6	／6	／6	／6

過去問＋予想問！ 目標4分で答えよう

□□□ 単相3線式で200ボルトの電気器具を使用する場合においては、3本の電気配線のうち中性線と他の電圧線を利用する。［H25-23-1］ ☞②答×

□□□ 単相3線式電路に施設する漏電遮断器は、中性線欠相保護機能付きのものとすることが望ましいとされている。［H30-22-2］ ☞③答○

□□□ 単相2線式とは、電圧線と中性線の2本の線を利用する形式であり、200ボルトが利用できる。［予想問］ ☞④答×

□□□ 住宅用分電盤内には、サービスブレーカー（アンペアブレーカーとも呼ばれている）、漏電遮断器、安全ブレーカーが設置されているが、これらはすべて電力会社の所有物である。［H22-21-2］ ☞⑤⑥答×

□□□ マンションの敷地内に電力会社用の専用借室を設けて600ボルト以下の電圧で受電し、その電気を当該マンションの敷地内で使用するための電気工作物は、一般用電気工作物に該当する。［H27-22-4］ ☞⑦答○

□□□ 事業用電気工作物とは、一般用電気工作物以外の電気工作物をいい、用途（自家用・事業用）によって自家用電気工作物と電気事業の用に供する電気工作物にわかれる。［予想問］ ☞⑧答○

19 換気・ガス設備

必ず出る！基礎知識 目標6分で覚えよう

1 換気設備

①自然換気とは、建物の内外の温度差、外部風を利用して換気する方式のことである。

②第１種換気は、給気・排気とも機械換気。居室に用いられる熱交換型換気設備（セントラル空調方式の住宅など）、機械室、電気室等に採用される。

③第２種換気は、給気のみ機械換気で、排気は自然換気。室内へ清浄な空気を供給する場合で、製造工場など限られた建物で使用される。

④第３種換気は、排気のみ機械換気で、給気は自然換気。室内は負圧になるため、他の部屋に汚染空気が入らない。

⑤換気効率の指標の１つである空気齢は、その数値が小さいほど、その地点に供給される空気が汚染されている可能性が低い。

⑥住宅の居室にシックハウス対策用として設けられる機械換気設備は、換気回数として毎時0.5回の能力があれば足りるが、常時運転としなければならない。

2 ガス設備

⑦一般に使用されるガス栓としては、ヒューズ機能付きのガス栓が用いられる。

⑧都市ガス用のガス漏れ警報器の有効期間は５年である。

⑨マイコンメーターは、震度５弱以上の地震を感知すると自動的にガスを遮断し、警報を表示する。

DATE & RECORD

学習日	月　日	月　日	月　日	月　日
正答数	／8	／8	／8	／8

過去問＋予想問！ 目標4分で答えよう

❑❑❑ 「自然換気」とは、建物の内外の温度差、外部風を利用して換気する方式のことである。[R2-19-3]
☞①答○

❑❑❑ 全熱交換型の換気は、「第２種換気方式」である。[R3-22-2]
☞②答×

❑❑❑ マンションの換気方式としても採用される「第３種換気方式」とは、自然給気と機械排気を組み合わせた換気方式である。[R2-19-4]
☞④答○

❑❑❑ 換気効率の指標の一つである「空気齢」は、その数値が小さいほど、その地点に供給される空気が汚染されている可能性が高い。[R4-23-3]
☞⑤答×

❑❑❑ 住宅の居室にシックハウス対策用として設けられる機械換気設備は、換気回数として毎時0.3回の能力があれば足りるが、常時運転としなければならない。[H17-24-2]
☞⑥答×

❑❑❑ 一般に使用されるガス栓としては、ヒューズ機能付きのガス栓が用いられる。[H18-23-1]
☞⑦答○

❑❑❑ 都市ガス用のガス漏れ警報器の有効期間は、10年である。[H18-23-3]
☞⑧答×

❑❑❑ マイコンメーターは、地震を感知した場合にガスを遮断する機能を有する。[H18-23-2]
☞⑨答○

20 劣化と診断(1)

必ず出る！基礎知識 目標6分で覚えよう

1 外壁の劣化現象

①白華現象（エフロレッセンス）とは、セメントの石灰が水に溶けてコンクリート表面に染み出し、空気中の炭酸ガスと化合して白色化する現象である。外壁のひび割れ部分に雨水が浸入したことなどにより発生する。

②白亜化（チョーキング）とは、塗装やシーリング材の表面で、顔料などが粉状になって表れる現象である。紫外線・熱・水分などによって劣化することにより発生する。

③ポップアウトとは、コンクリートの表面の一部分が円錐（えんすい）形のくぼみ状に破壊された現象である。コンクリートの骨材が内部で膨張し一部が劣化したことにより発生する。

④外壁のタイルのひび割れは、下地のモルタルやコンクリートの方に乾燥収縮や中性化等によりひび割れが生じたことを原因としていることが多い。

2 外壁の診断

⑤外壁タイルの浮きの簡易診断を行う場合には、外壁打診用ハンマー（テストハンマー）で手の届く範囲を部分打診して、その打音により浮きの有無及び程度を判断する。

3 補修工事

⑥コンクリート部分に発生しているひび割れの補修工事でエポキシ樹脂注入工法を行う場合、低速低圧で注入するのが一般的である。

⑦Uカットシール材充填工法とは、U字型にカットして、その部分にシーリング材等を充填する工法である。

DATE & RECORD

学習日	月　日	月　日	月　日	月　日
正答数	／6	／6	／6	／6

過去問＋予想問！ 目標4分で答えよう

❑❑❑ エフロレッセンスとは、下地の可溶成分が表面に析出し、空気中の二酸化炭素ガス等との反応によって難溶性の白色物質が表面に沈着した状態をいう。［H20-26-2］

☞①答○

❑❑❑ チョーキングとは、塗膜表面の劣化により、充てん材が離脱しやすくなり、表面が粉末状になった状態をいう。［H20-26-3］

☞②答○

❑❑❑ ポップアウトとは、コンクリート内部の部分的な膨張圧によってコンクリート内部が破壊された状態をいう。［H20-26-1］

☞③答×

❑❑❑ 外壁のタイルのひび割れは、下地のモルタルやコンクリートの方に乾燥収縮や中性化等によりひび割れが生じたことを原因としていることが多い。［予想問］

☞④答○

❑❑❑ 外壁タイルの浮きの簡易診断を行う場合には、外壁打診用ハンマー（テストハンマー）で手の届く範囲を部分打診して、その打音により浮きの有無及び程度を判断する。［予想問］

☞⑤答○

❑❑❑ コンクリート部分に発生しているひび割れの補修工事でエポキシ樹脂注入工法を行う場合、高速高圧で注入するのが一般的である。［予想問］

☞⑥答×

21 劣化と診断(2)

必ず出る！基礎知識 目標6分で覚えよう

1 診断方法

①軽量床衝撃音に対する遮音性を調査するためには、タッピングマシンを用いる。

②設備配管の継手の劣化状況の診断に用いる調査機器としては、内視鏡（ファイバースコープ）やX線透過装置などがある。

③クラックスケールは、コンクリートのひび割れの幅や長さの診断の際に用いられる。深さは測定できない。

④コンクリートの中性化深さの調査には、コア抜きしたコンクリートにフェノールフタレイン溶液を噴霧する。アルカリ性で赤色に反応し、中性や酸性では無色。

⑤鉄筋のかぶり厚さ等は、電磁波レーダを使用して調査する。

⑥リバウンドハンマー（シュミットハンマー）は、コンクリートの圧縮強度を測定する用具である。

⑦針入度（しんにゅうど）試験は、アスファルトの硬さを調べる試験である。

⑧赤外線サーモグラフィ法は、タイル・モルタル面の浮き等の程度を調査するものである。

⑨超音波法は、コンクリートの内部の状態（ひび割れの深さ）を調査するものである。

DATE & RECORD

学習日	月　日	月　日	月　日	月　日
正答数	／8	／8	／8	／8

過去問＋予想問！ 目標4分で答えよう

❑❑❑ 軽量床衝撃音に対する遮音性を調査するためには、タッピングマシンを用いる。［予想問］ ☞①答○

❑❑❑ クラックスケールは、コンクリートの深さの診断の際に用いられる。［予想問］ ☞③答×

❑❑❑ コンクリートの中性化深さの調査には、コア抜きしたコンクリートにフェノールフタレイン溶液を噴霧する。フェノールフタレイン溶液は、アルカリ性で赤色に反応する。［予想問］ ☞④答○

❑❑❑ 鉄筋のかぶり厚さ等は、電磁波レーダを使用して調査する。［予想問］ ☞⑤答○

❑❑❑ コンクリートの強度を推定するためにシュミットハンマーを用いる。［H23-28-2］ ☞⑥答○

❑❑❑ 針入度試験は、アスファルトの硬さを調べる試験である。［予想問］ ☞⑦答○

❑❑❑ 超音波法は、タイル・モルタル面の浮き等の程度を調査するものである。［予想問］ ☞⑧⑨答×

❑❑❑ 赤外線サーモグラフィ法は、コンクリートの内部の状態（ひび割れ深さ）を調査するものである。［予想問］ ☞⑧⑨答×

22 長期修繕計画

必ず出る！基礎知識　目標6分で覚えよう

1 大規模修繕の方式

①設計監理方式とは、修繕設計と工事監理を設計事務所に委託し、工事施工は施工業者に委託する方式を指すのが一般的。

②責任施工方式とは、調査診断・修繕設計・工事施工及び工事監理を同一業者に委ねる方式を指すのが一般的である。

2 長期修繕計画

③推定修繕工事は、建物及び設備の性能・機能を工事時点における新築物件と同等の水準に維持・回復する修繕工事を基本とする。

④長期修繕計画の見直しに当たっては、必要に応じて専門委員会を設置するなど、検討を行うために管理組合内の体制を整えることが必要である。

⑤長期修繕計画の計画期間は30年以上で、かつ大規模修繕工事を2回含める期間以上とする必要がある。

⑥推定修繕工事費用には、長期修繕計画の見直しの費用も含まれる。

⑦長期修繕計画は5年程度ごとに調査・診断を行い、その結果に基づいて見直すことが必要である。併せて修繕積立金の額も見直す。

⑧修繕周期の近い工事項目は、経済性等を考慮し、なるべくまとめて実施する。

DATE & RECORD

学習日	月　日	月　日	月　日	月　日
正答数	／7	／7	／7	／7

過去問＋予想問！ 目標4分で答えよう

❑❑❑ 大規模修繕工事の責任施工方式とは、調査診断、修繕設計、工事施工及び工事監理を同一業者に委ねる方式を指すのが一般的である。［予想問］ ☞②答○

❑❑❑ 「長期修繕ガイドライン」によれば、推定修繕工事は、建物及び設備の性能・機能を工事時点における新築物件と同等の水準に維持、回復する修繕工事を基本とする。［R2-27-ア］ ☞③答○

❑❑❑ 管理組合は、長期修繕計画の見直しに当たっては、必要に応じて専門委員会を設置するなど、検討を行うために管理組合内の体制を整えることが必要である。［R4-27-イ］ ☞④答○

❑❑❑ 計画期間の設定の際は、新築マンションの場合は30年以上で、かつ大規模修繕工事が2回含まれる期間以上とする必要があり、既存マンションの場合は20年以上の期間とする必要がある。［R4-25-2］ ☞⑤答×

❑❑❑ 長期修繕計画は、計画的に見直す必要があり、また、その際には、併せて、修繕積立金の額も見直す必要がある。［R4-25-4］ ☞⑥答○

❑❑❑ 将来想定される工事項目すべてを含めた長期修繕計画を作成すれば、それ以降は、その計画を見直す必要はない。［H23-23-2］ ☞⑦答×

❑❑❑ 長期修繕計画及び修繕積立金の額を一定期間（5年程度）ごとに見直しを行う規定を管理規約に定めることが望まれる。［R2-28-2］ ☞⑦答○

第7編

建築関連法規

1 建築基準法(1)

必ず出る！基礎知識 目標 6 分で覚えよう

1 用語の定義

①特殊建築物とは、防災面からみて特殊な用途（例不特定多数が集まる・出火の危険が大きい）の建築物である。ただし、条文ごとにその範囲が異なる。

②建築基準法上の特殊建築物とは、学校・病院・劇場・共同住宅・倉庫・自動車車庫などの建築物をいう。

③主要構造部とは、壁・柱・床・梁・屋根・階段をいう。ただし、最下階の床や屋外階段棟は除く。

④構造耐力上主要な部分とは、基礎・基礎杭・壁・柱・小屋組・土台・斜材・床版・屋根版・横架材をいう。

⑤居室とは、居住・執務・作業・集会・娯楽その他これらに類する目的のために継続的に使用する室をいう。

⑥延焼のおそれのある部分とは、原則として、隣地境界線、道路中心線または同一敷地内の２以上の建築物相互の外壁間の中心線から、１階にあっては３ｍ以下、２階以上にあっては５ｍ以下の距離にある建築物の部分をいう。

⑦不燃材料とは、建築材料のうち、不燃性能の持続時間が20分間のもので、国土交通大臣が定めたものまたは国土交通大臣の認定を受けたものをいう。

⑧耐水材料とは、れんが・石・人造石・コンクリート・アスファルト・陶磁器・ガラスその他これらに類する耐水性の建築材料をいう。

⑨地階とは、床が地盤面下にある階で、床面から地盤面までの高さがその階の天井の高さの３分の１以上のものをいう。

DATE & RECORD

学習日	月　日	月　日	月　日	月　日
正答数	／7	／7	／7	／7

過去問＋予想問！ 目標4分で答えよう

□□□ 建築基準法上の特殊建築物には、学校、体育館、病院、劇場、集会場は含まれるが、共同住宅は含まれない。[H13-16-1]
☞②答×

□□□ 主要構造部に、最下階の床は含まれない。[H25-17-1]
☞③答○

□□□ 構造耐力上主要な部分に、屋根版は含まれない。[H25-17-2]
☞④答×

□□□ 居室とは、居住、執務、作業、集会、娯楽その他これらに類する目的のために継続的に使用する室をいう。[R3-23-3]
☞⑤答○

□□□ 延焼のおそれのある部分とは、防火上有効な公園、広場、川等の空地もしくは水面または耐火構造の壁その他これらに類するものに面する部分等を除き、隣地境界線、道路中心線または同一敷地内の２以上の建築物（延べ面積の合計が500㎡以内の建築物は、１の建築物とみなす。）相互の外壁間の中心から、１階にあっては５m以下、２階以上にあっては３m以下の距離にある建築物の部分をいう。[H27-18-1]
☞⑥答×

□□□ 耐水材料にれんがは含まれる。[H25-17-3] ☞⑧答○

□□□ 地階とは、床が地盤面下にある階で、床面から地盤面までの高さがその階の天井の高さの３分の１以上のものをいう。[H25-17-4]
☞⑨答○

2 建築基準法(2)

必ず出る！基礎知識 目標6分で覚えよう

1 算定方法

①特定行政庁が指定する幅員4m未満の道路の中心線からの水平距離が2mまでの部分は、敷地面積に算入しない。

②地階で地盤面上1m以下にある部分は、建築面積に算入しない。

③軒・ひさし・バルコニー等で、外壁または柱の中心線から水平距離1m以上突き出したものがある場合において、その端から水平距離1m後退した線で囲まれた部分は、建築面積に算入しない。

④床面積の算定方法は、壁その他の区画の中心線で囲まれた部分の水平投影面積による。

⑤棟飾、防火壁の屋上突出部その他これらに類する屋上突出物については、建築物の高さに算入されない。

⑥建築物の屋上に設ける階段室・昇降機塔・装飾塔・物見塔・屋窓等で、水平投影面積の合計が当該建築物の建築面積の8分の1以内である場合、その部分の高さが12mまでの部分については、建築物の高さに算入されない。

⑦昇降機塔・装飾塔・物見塔等の屋上部分または地階の倉庫・機械室等の建築部分で、水平投影面積の合計が建築物の建築面積の8分の1以下のものは、建築物の階数に算入されない。

⑧建築物の敷地が斜面または段地である場合で、建築物の部分によって階数を異にする場合、これらの階数のうち最大のものがその建築物の階数となる。

DATE & RECORD

学習日	月　日	月　日	月　日	月　日
正答数	／5	／5	／5	／5

過去問＋予想問！ 目標4分で答えよう

❑❑❑ 特定行政庁が指定する幅員４ｍ未満の道路の中心線からの水平距離が２ｍまでの部分は、敷地面積に算入しない。［予想問］ ☞①答○

❑❑❑ 地階で、地盤面上 1.5 m以下にある部分は、建築面積に算入されない。［H26-22-3］ ☞②答×

❑❑❑ 軒・ひさし・バルコニー等で、外壁または柱の中心線から水平距離１ｍ以上突き出したものがある場合において、その端から水平距離１ｍ後退した線で囲まれた部分は、建築面積に算入しない。［予想問］ ☞③答○

❑❑❑ 階数の算定において、昇降機塔、装飾塔、物見塔その他これらに類する建築物の屋上部分または地階の倉庫、機械室その他これらに類する建築物の部分で、水平投影面積の合計がそれぞれ当該建築物の建築面積の８分の１以下のものは、当該建築物の階数に算入しない。［H27-18-3］ ☞⑦答○

❑❑❑ 建築物の敷地が斜面または段地である場合で、建築物の部分によって階数を異にする場合においては、これらの階数のうち最大のものが、その建築物の階数となる。［H29-17-1］ ☞⑧答○

3 建築基準法(3)

必ず出る！基礎知識 目標6分で覚えよう

1 定期調査・定期検査の報告等

①建築物の定期調査や特定建築物の設備等の定期検査は、一級建築士・二級建築士・建築物調査員資格者証の交付を受けている者が行わなければならない。

②特殊建築物の定期調査は、6か月～3年に1回実施し、その結果を特定行政庁に報告しなければならない。

③防火設備・建築設備・昇降機等の各定期検査は、6か月～1年に1回実施し、その結果を特定行政庁に報告しなければならない。

④防火設備の定期検査は、一級建築士・二級建築士・防火設備検査員が行わなければならない。

⑤建築設備の定期検査は、一級建築士・二級建築士・建築設備検査員が行わなければならない。

⑥昇降機等の定期検査は、一級建築士・二級建築士・昇降機等検査員が行わなければならない。

2 維持・保全

⑦建築物の所有者（区分所有者）・管理者（管理組合）・占有者（借主等）は、建築物の敷地・構造・建築設備を常時適法な状態に維持するよう努めなければならない。

⑧特殊建築物等の所有者・管理者は、必要に応じて、建築物の維持・保全に関する準則または計画を作成し、適切な措置を講じなければならない。

DATE & RECORD

学習日	月　日	月　日	月　日	月　日
正答数	／6	／6	／6	／6

過去問＋予想問！ 目標4分で答えよう

❑❑❑ 建築基準法第12条第1項に掲げる建築物の定期調査及び同条第3項に掲げる特定建築設備等（昇降機及び特定建築物の昇降機以外の建築設備等）の定期検査は、一級建築士もしくは二級建築士でなければ行うことができない。[H25-21-1]

☞①答×

❑❑❑ 建築基準法第12条に基づく定期調査の対象となった共同住宅の調査は、5年間隔で行う。[H18-18-3]

☞②答×

❑❑❑ 防火設備の定期検査・建築設備の定期検査・昇降機等の定期検査は、6か月～1年に1回実施し、その結果を消防長もしくは消防署長に報告しなければならない。[予想問]

☞③答×

❑❑❑ 防火設備の定期検査は、一級建築士・二級建築士・防火設備検査員が行わなければならない。[予想問]

☞④答○

❑❑❑ 建築設備の定期検査は、一級建築士・二級建築士・建築設備検査員が行わなければならない。[予想問]

☞⑤答○

❑❑❑ 昇降機等の定期検査は、一級建築士・二級建築士・昇降機等検査員が行わなければならない。[予想問]

☞⑥答○

4 建築基準法⑷

必ず出る！基礎知識 目標6分で覚えよう

1 単体規定

①住宅等の居室には、採光のための窓等の開口部を設け、採光に有効な部分の面積は、居室の床面積に対して、住宅では原則として7分の1以上としなければならない。

②居室には、換気のための窓等の開口部を設け、換気に有効な部分の面積は、居室の床面積に対して、原則として20分の1以上としなければならない。

③居室の天井の高さは、2.1 m以上でなければならない。１室で天井の高さが異なる部分がある場合は、その平均の高さによる。

④地階に設ける居室は、壁・床の防湿の措置等につき、衛生上必要な一定の基準に適合させなければならない。

⑤建築材料に石綿その他の著しく衛生上有害なものとして政令で定める物質を添加してはならない。

⑥吹付けロックウールで、その含有する石綿の重量が建築材料の0.1％以下のものは、建築材料として使用することができる。

⑦建築基準法で規制対象となる化学物質は、ホルムアルデヒドとクロルピリホスである。

⑧高さ20 mを超える建築物には、原則として、避雷設備の設置が必要である。

⑨高さ31 mを超える建築物には、原則として、昇降機設備の設置が必要である。

DATE & RECORD

学習日	月　日	月　日	月　日	月　日
正答数	／6	／6	／6	／6

過去問＋予想問！ 目標 4 分で答えよう

❏❏❏ 住宅の居室には、採光のための窓その他の開口部を設け、その採光に有効な部分の面積は、その居室の床面積に対して、5分の1以上としなければならない。[H17-17-1] ☞①答×

❏❏❏ 居室には、一定の換気設備を設けた場合を除いて、換気のための窓その他の開口部を設け、その換気に有効な部分の面積は、その居室の床面積に対して、30分の1以上としなければならない。[H14-22-1] ☞②答×

❏❏❏ 住宅における居住のための居室の天井の高さは、一室で天井の高さの異なる部分がない場合においては、2.4 m以上でなければならない。[H29-18-1] ☞③答×

❏❏❏ 吹付けロックウールで、その含有する石綿の重量が当該建築材料の重量の1%以下のものは、建築材料として使用することができる。[H23-18-3] ☞⑥答×

❏❏❏ 石綿その他の物質の飛散または飛散に対する衛生上の措置として、石綿以外の物質で、居室内において衛生上の支障を生ずるおそれがある物質として指定されているのは、ホルムアルデヒドのみである。[H23-18-2] ☞⑦答×

❏❏❏ 火災時などの災害時に消防隊が人の救助活動及び消火活動に利用するための非常用エレベーターは、原則として、高さ60 mを超える建築物に設置が義務付けられている。[H23-20-3] ☞⑨答×

5 建築基準法(5)

必ず出る！基礎知識 目標6分で覚えよう

1 単体規定

①階段及び踊り場の幅は、直上階の居室の床面積が200㎡超の場合は、120cm以上としなければならない。

②手すり及び階段の昇降を安全に行うための設備で、高さが50cm以下のものが設けられた場合における階段・踊り場の幅は、10cmを上限として、手すり等の幅をないものとみなして算定する。

③回り階段の踏面の寸法は、踏面の狭い方の端から30cmの位置において測る。

④高さ1m超の階段には、手すりを設置しなければならない。また、高さ1m超の階段・踊り場の両側（手すりが設けられた側を除く）には、側壁等を設置する必要がある。

⑤共同住宅の住戸等の床面積の合計が100㎡を超える階における共用廊下は、両側とも居室の場合は1.6m以上、上記以外（片側居室）の場合は1.2m以上としなければならない。

⑥建築物の避難階以外の階においては、居室の各部分から避難階または地上に通ずる直通階段の1つまでの距離（歩行距離）が一定以下となるよう設ける必要がある。

⑦避難階とは、直接地上へ通ずる出入口のある階をいう。通常は1階だが、敷地の形状等によっては1階以外の階が避難階となることもある。

⑧階段に代わる傾斜路の勾配は、8分の1を超えてはならない。

DATE & RECORD

学習日	月　日	月　日	月　日	月　日
正答数	／7	／7	／7	／7

過去問＋予想問！ 目標4分で答えよう

❑❑❑ 階段及び踊り場の幅は、直上階の居室の床面積が200㎡超の場合は、100cm以上としなければならない。[R01-17] ☞①答×

❑❑❑ 階段の幅は、階段に設ける手すりの幅が10cm以下である場合、手すりの幅がないものとみなして算定する。[H28-18-4] ☞②答○

❑❑❑ 回り階段の踏面の寸法は、階段の幅の中央において測るものとする。[H28-18-3] ☞③答×

❑❑❑ 高さ4m超の階段には、手すりを設置しなければならない。また、高さ4m超の階段・踊り場の両側（手すりが設けられた側を除く）には、側壁等を設置する必要がある。[予想問] ☞④答×

❑❑❑ その階の住戸面積の合計が100㎡を超える場合の廊下の幅は、廊下の両側に居室がある場合には1.5m以上、その他の場合には1.0m以上としなければならない。[H28-18-1] ☞⑤答×

❑❑❑ 避難階は、通常は1階だが、敷地の形状等によっては1階以外の階が避難階となることもある。[予想問] ☞⑦答○

❑❑❑ 階段に代わる傾斜路の勾配は、8分の1を超えてはならない。[H15-16-4] ☞⑧答○

6 建築基準法⑹

必ず出る！基礎知識 目標6分で覚えよう

1 単体規定

①非常用照明は直接照明とし、床面において1ルクス（蛍光灯・LEDが光源の場合は2ルクス）以上の照度を確保する。

②停電時の予備電源として蓄電池を用いるものにあっては、充電を行うことなく30分継続して点灯し、必要な照度を確保できるものとする。

③屋外に設ける避難階段に屋内から通ずる出口及び避難階段から屋外に通ずる出口等に設ける戸の施錠装置は、屋内からかぎを用いることなく解錠できるものとし、かつ、戸の近くの見やすい場所にその解錠方法を表示しなければならない。

④屋上広場または2階以上の階のバルコニー等の周囲には、高さが1.1m以上の手すり壁・さく等を設けなければならない。

⑤火災時等における避難経路を確保するため、敷地内には、屋外の避難階段及び屋外への出口から道や公園等の空地に通ずる幅員が1.5m以上の通路を設けなければならない。

⑥延べ面積が1,000㎡を超える建築物は、耐火建築物・準耐火建築物を除き、防火上有効な構造の防火壁または防火床によって有効に区画し、かつ、各区画の床面積の合計をそれぞれ1,000㎡以内としなければならない。

学習日	月　日	月　日	月　日	月　日
正答数	／6	／6	／6	／6

過去問＋予想問！ 目標4分で答えよう

❏❏❏ 非常用照明は直接照明とし、床面において1ルクス（蛍光灯・LEDが光源の場合は2ルクス）以上の照度を確保する。［予想問］ ☞①答○

❏❏❏ 停電時の予備電源として蓄電池を用いるものにあっては、充電を行うことなく10分継続して点灯し、必要な照度を確保できるものとする。［予想問］ ☞②答×

❏❏❏ 屋外に設ける避難階段に屋内から通ずる出口及び避難階段から屋外に通ずる出口等に設ける戸の施錠装置は、屋内からかぎを用いることなく解錠できるものとし、かつ、戸の近くの見やすい場所にその解錠方法を表示しなければならない。［予想問］ ☞③答○

❏❏❏ 屋上広場または2階以上の階のバルコニー等の周囲には、高さが2m以上の手すり壁・さく等を設けなければならない。［予想問］ ☞④答×

❏❏❏ 主要構造部が耐火構造である共同住宅の屋外に設ける避難階段及び避難階における屋外への出口から道または公園、広場、その他の空地に通ずる敷地内の通路の幅員は、1.5 m以上でなければならない。［H20-18-4］ ☞⑤答○

❏❏❏ 延べ面積が1,000㎡を超える耐火建築物は、防火上有効な構造の防火壁または防火床によって有効に区画し、かつ、各区画の床面積の合計をそれぞれ1,000㎡以内としなければならない。［予想問］ ☞⑥答×

7 建築基準法(7)

必ず出る！基礎知識　目標6分で覚えよう

1 建蔽率・容積率

①建蔽率とは、建築物の建築面積の敷地面積に対する割合をいう。

②容積率とは、建築物の延べ面積の敷地面積に対する割合をいう。

③昇降機の昇降路の部分、共同住宅の共用の廊下または階段の用に供する部分の床面積は、容積率に算入されない。

2 防火地域・準防火地域

④防火地域内では、地階を含む階数が3以上または延べ面積が100㎡を超える建築物は、耐火建築物等としなければならない。

⑤防火地域内にある看板・広告塔・装飾塔その他これらに類する工作物で、建築物の屋上に設けるもの、または、高さ3mを超えるものは、その主要な部分を不燃材料で造り、または覆わなければならない。

⑥準防火地域内では、地階を除く階数が4以上または延べ面積が1,500㎡を超える建築物は、耐火建築物等としなければならない。

⑦防火地域または準防火地域内にある建築物で、外壁が耐火構造のものについては、その外壁を隣地境界線に接して設けることができる。

Date & Record

学習日	月　日	月　日	月　日	月　日
正答数	／7	／7	／7	／7

過去問＋予想問！ 目標4分で答えよう

❑❑❑ 建蔽率とは、建築物の建築面積（同一敷地内に2以上の建築物がある場合においては、その建築面積の合計）の敷地面積に対する割合をいう。[H28-17-1]

☞①答○

❑❑❑ 容積率とは、建築物の延べ面積の敷地面積に対する割合をいう。[H28-17-3]

☞②答○

❑❑❑ 共同住宅の共用の廊下または階段の用に供する部分の床面積は、容積率には算入しない。[予想問]

☞③答○

❑❑❑ 防火地域内において、階数が2で延べ面積が200㎡の建築物は、必ず耐火建築物等としなければならない。[予想問]

☞④答○

❑❑❑ 準防火地域内において建築物の屋上に看板を設ける場合は、その主要な部分を不燃材料で造り、または覆わなければならない。[予想問]

☞⑤答×

❑❑❑ 準防火地域内において、地階を除く階数が3で延べ面積が1,000㎡の建築物は、必ず耐火建築物等としなければならない。[予想問]

☞⑥答×

❑❑❑ 準防火地域内にある建築物で、外壁が耐火構造のものについては、その外壁を隣地境界線に接して設けることができる。[予想問]

☞⑦答○

8 バリアフリー法

必ず出る！基礎知識 目標6分で覚えよう

1 義務と努力義務

①建築主等は、床面積の合計2,000㎡以上の特別特定建築物（例老人ホーム・病院・映画館）の建築をしようとするときは、その特別特定建築物を、建築物移動等円滑化基準に適合させなければならない。

②建築主等は、特定建築物の建築をするときは、建築物移動等円滑化基準に適合させるために必要な措置を講ずるよう努めなければならない。

③建築主等は、特定建築物の建築物特定施設（例出入口・廊下・階段）の修繕または模様替をしようとするときは、建築物移動等円滑化基準に適合させるために必要な措置を講ずるよう努めなければならない。

2 特　例

④バリアフリー法（高齢者、障害者等の移動等の円滑化の促進に関する法律）に基づく認定建築物であるマンションは、容積率の特例が認められている。

3 建築物移動等円滑化基準

⑤階段については、踊り場を除き、手すりを設ける。

⑥主たる階段は、原則として回り階段でないこととする。

⑦駐車場を設ける場合、そのうち1以上に、車いす使用者が円滑に利用することができる駐車施設を、1以上設けなければならない。

⑧エレベーターのかご・昇降路の出入口の幅は80cm以上とし、かごの奥行は135cm以上とする必要がある。

DATE & RECORD

学習日	月　日	月　日	月　日	月　日
正答数	／6	／6	／6	／6

過去問＋予想問！ 目標4分で答えよう

❑❑❑ 共同住宅は、特別特定建築物には該当しない。[R2-24-3]
☞①答○

❑❑❑ 建築物特定施設には、廊下や階段などが含まれる。[R2-24-4]
☞③答○

❑❑❑ 高齢者、障害者等の円滑な利用を確保するための基準を満たす特定建築物の建築主は、所管行政庁の認定を受けることにより、建築物の容積率の特例の適用を受けることができる。[H21-44-1]
☞④答○

❑❑❑ 建築物移動等円滑化基準では、主として高齢者、障害者等が利用する階段は、回り階段以外の階段を設ける空間を確保することが困難であるときを除き、主たる階段は回り階段でないこととしている。[H30-25-3]
☞⑥答○

❑❑❑ 建築物移動等円滑化基準では、主として高齢者、障害者等が利用する駐車場を設ける場合には、そのうち１以上に、車いす使用者が円滑に利用することができる駐車施設を３以上設けなければならない。[H30-25-4]
☞⑦答×

❑❑❑ 移動等円滑化経路を構成するエレベーター及びその乗降ロビーにおいて、かご及び昇降路の出入口の幅は80cm以上、かごの奥行きは135cm以上、乗降ロビーの幅及び奥行きは150cm以上としなければならない。[H20-23-3]
☞⑧答○

9 耐震改修促進法

必ず出る！基礎知識　目標6分で覚えよう

1 所有者が講ずべき措置

①要安全確認計画記載建築物（例病院・官公署）は、一定の期限までに耐震診断を行い、その結果を所管行政庁に報告しなければならない。

②特定既存不適格建築物（多数の者が利用する建築物で一定以上の規模のもの等）の所有者は、その建築物について耐震診断を行い、その結果、地震に対する安全性の向上を図る必要があると認められるときは、耐震改修を行うように努めなければならない。

③要安全確認計画記載建築物及び特定既存耐震不適格建築物以外の既存耐震不適格建築物であるすべてのマンションの所有者は、その建築物について耐震診断を行い、必要に応じ、耐震改修を行うよう努めなければならない。

2 特　例

④耐震改修計画の認定をもって、建築基準法の確認済証の交付があったものとみなされる。そのため、建築確認の申請を別途する必要はない。

⑤耐震改修の必要性に係る認定を受けたマンション（要耐震改修認定建築物）の耐震改修が共用部分の形状または効用の著しい変更を伴う場合でも、集会における普通決議（区分所有者及び議決権の各過半数）で耐震改修工事を行うことができる。

DATE & RECORD

学習日	月　日	月　日	月　日	月　日
正答数	／5	／5	／5	／5

過去問＋予想問！ 目標4分で答えよう

❑❑❑ 要安全確認計画記載建築物は、一定の期限までに耐震診断を行い、耐震診断の結果を所管行政庁に報告しなければならない。[予想問]
☞①答○

❑❑❑ 既存耐震不適格建築物である区分所有建築物の所有者は、耐震改修を行なわなければならない。[H26-25-1]
☞②答×

❑❑❑ 要安全確認計画記載建築物及び特定既存耐震不適格建築物以外の既存耐震不適格建築物であるすべてのマンションの所有者は、当該既存耐震不適格建築物について耐震診断を行い、必要に応じ、当該既存耐震不適格建築物について耐震改修を行うよう努めなければならない。[予想問]
☞③答○

❑❑❑ 建築物が耐震改修計画の認定をされても、認定を受けた後に、建築確認の申請を別途し、確認済証の交付を受けなければならない。[予想問]
☞④答×

❑❑❑ 所管行政庁から耐震改修が必要である旨の認定を受けた区分所有建築物については、規約に別段の定めのない限り、区分所有者及び議決権の各過半数による集会の決議を経て耐震改修を行うことができる。[H26-25-3]
☞⑤答○

第8編

免除科目

1 用語の定義

必ず出る！基礎知識 目標6分で覚えよう

1 マンションとは

①２以上の区分所有者が存する建物で、人の居住の用に供する専有部分があるもの、並びにその敷地・附属施設（例 駐車場・ごみ集積所・集会所）は、マンションである。

②一団地内の土地または附属施設（これらに関する権利を含む）が当該団地内にある上記①の建物を含む数棟の建物の所有者（専有部分のある建物にあっては、区分所有者）の共有に属する土地及び附属施設は、マンションである。

2 用語

③管理者等とは、管理組合の管理者または管理組合法人における理事のことをいう。

④管理事務とは、マンションの管理に関する事務であり、基幹事務の全てを含むものをいう。基幹事務の一部しか行わないものは、管理事務ではない。なお、「基幹事務」とは、管理組合の会計の収入及び支出の調定及び出納並びに専有部分を除くマンションの維持または修繕に関する企画または実施をいう。

⑤マンション管理業とは、管理組合から委託を受けて管理事務を行う行為で、業として行う（不特定多数を相手に反復継続して行う）ものをいう。営利目的を有するかどうかを問わない。

⑥管理組合がマンションを自主管理することは、管理業には該当しない。

学習日	月　日	月　日	月　日	月　日
正答数	／4	／4	／4	／4

過去問＋予想問！ 目標4分で答えよう

❏❏❏　２人以上の区分所有者が居住している専有部分のある建物及びその敷地のほかに、駐車場、ごみ集積所等の附属施設もマンションに含まれる。[H26-47-1]

☞①答○

❏❏❏　二以上の区分所有者が存在し、事務所及び店舗の用にのみ供されている建物は、マンションに該当する。[H20-47-1]

☞①答×

❏❏❏　管理事務とは、マンションの管理に関する事務であって、管理組合の会計の収入及び支出の調定及び出納並びに専有部分を除くマンションの維持または修繕に関する企画または実施の調整を含むものをいう。[H30-47-3]

☞④答○

❏❏❏　マンション管理業とは、管理組合から委託を受けて、基幹事務を含むマンションの管理事務を行う行為で業として行うものであり、当該基幹事務すべてを業として行うものをいうが、「業として行う」に該当するためには、営利目的を要し、また、反復継続的に管理事務を行っている必要がある。[H30-47-4]

☞⑤答×

---

2 管理業務主任者⑴

必ず出る！基礎知識　目標 6 分で覚えよう

1 管理業務主任者

①管理業務主任者とは、管理業務主任者資格試験に合格し、国土交通大臣の登録を受け、管理業務主任者証の交付を受けた者をいう。

②管理業務主任者は、重要事項の説明・重要事項説明書への記名・契約成立時の書面への記名・管理事務の報告をすることができる。

③管理業務主任者試験に合格した者で、管理事務に関し2年以上の実務の経験を有する者または国土交通大臣がその実務の経験を有するものと同等以上の能力を有すると認めた者（登録実務講習修了者）は、国土交通大臣の登録を受けることができる。

2 登　録

④管理業務主任者登録簿への登録には、有効期間はない。

⑤管理業務主任者の登録を受けた者は、登録を受けた事項（氏名・本籍・住所・勤務先の管理会社の商号または名称・勤務先の管理会社の登録番号）に変更があったときは、遅滞なく、その旨を国土交通大臣に届け出なければならない。

DATE & RECORD

学習日	月　日	月　日	月　日	月　日
正答数	／6	／6	／6	／6

過去問＋予想問！ 目標4分で答えよう

❑❑❑ 管理業務主任者とは、管理業務主任者資格試験に合格し、国土交通大臣の登録を受け、管理業務主任者証の交付を受けた者をいう。［予想問］ ☞①答○

❑❑❑ 管理業務主任者は、重要事項の説明・重要事項説明書への記名・契約成立時の書面への記名・管理事務の報告をすることができる。［予想問］ ☞②答○

❑❑❑ 管理業務主任者試験に合格した者は、管理事務に関し2年以上の実務の経験を有していれば、国土交通大臣の登録を受けていなくても、管理業務主任者証の交付を申請することができる。［H17-47-ウ］ ☞③答×

❑❑❑ 管理業務主任者登録簿に、氏名、生年月日その他必要な事項を登載された者は、登録の更新申請を行わなければ、登録日以後5年をもってその登録の効力を失う。［H27-49-1］ ☞④答×

❑❑❑ 管理業務主任者の登録を受けた者は、氏名に変更があったときは、遅滞なく、その旨を都道府県知事に届け出なければならない。［予想問］ ☞⑤答×

❑❑❑ 管理業務主任者の登録を受けた者は、住所に変更があったときは、30日以内に、その旨を国土交通大臣に届け出なければならない。［予想問］ ☞⑤答×

3 管理業務主任者(2)

必ず出る！基礎知識 目標6分で覚えよう

1 主任者証

①管理業務主任者証の有効期間は、5年である。

②管理業務主任者証の有効期間は、申請により更新する。更新後の有効期間も、5年となる。更新を受けようとする者は、交付の申請前6か月以内に行われる登録講習機関が行う講習を受講しなければならない。

③管理業務主任者は、氏名に変更があって変更の届出をする場合、管理業務主任者証を添えて提出し、その訂正を受けなければならない。

④管理業務主任者証には、住所・本籍・勤務先の管理業者は記載されていない。したがって、当該事項に変更がある場合でも、主任者証の訂正を受ける必要はない。

2 設置義務

⑤マンション管理業者は、その事務所ごとに、30管理組合につき1人以上（端数については1人と数える）の成年者である専任の管理業務主任者を置かなければならない。

⑥マンション管理業者が宅建業を兼業する場合でも、1人の従業者が、専任の管理業務主任者と専任の宅地建物取引士を兼務することはできない。

⑦人の居住の用に供する独立部分（専有部分）が5以下のマンション管理組合から委託を受けた管理事務をその業務とする事務所については、成年者である専任の管理業務主任者の設置義務はない。

DATE & RECORD

学習日	月　日	月　日	月　日	月　日
正答数	／5	／5	／5	／5

過去問＋予想問！ 目標4分で答えよう

❑❑❑ 管理業務主任者証の有効期間は５年であるが、有効期間の更新を受けようとする場合、交付の申請の日前６月以内に行われる登録講習機関が行う講習を受けなければならない。［H24-50-2］ ☞②答○

❑❑❑ 管理業務主任者は、登録を受けている事項のうち、転職によりその業務に従事していたマンション管理業者に変更があったときは、遅滞なく、その旨を国土交通大臣に届け出なければならないが、この場合において、管理業務主任者証を添えて提出し、その訂正を受ける必要はない。［H27-49-4］ ☞④答○

❑❑❑ 管理業務主任者は、登録を受けている事項のうち、その住所に変更があった場合には、遅滞なく、その旨を国土交通大臣に届け出るとともに、管理業務主任者証を添えて提出し、その訂正を受けなければならない。［H29-49-3］ ☞④答×

❑❑❑ マンション管理業者は、特定の場合を除き、その事務所ごとに、管理事務の委託を受けた管理組合の数を 30 で除したもの以上の数の成年者である専任の管理業務主任者を置かなければならない。［H18-47-1］ ☞⑤答○

❑❑❑ マンション管理業者の事務所において、専任の管理業務主任者となっている者は、専任の宅地建物取引士を兼務することができる。［H26-48- エ］ ☞⑥答×

---

4 マンション管理業者(1)

必ず出る！基礎知識　目標6分で覚えよう

1 マンション管理業者登録制度

①マンション管理業を営もうとする者は、国土交通省に備えるマンション管理業者登録簿に登録を受けなければならない。

②マンション管理業者登録簿への登録の有効期間は、5年である。

③マンション管理業を行うために必要と認められる国土交通省令で定める基準に合う財産的基礎（基準資産額300万円以上）を有しない者は、登録を受けることができない。

④マンション管理業者の登録には、登録証がない。

⑤有効期間の満了後引き続きマンション管理業を営もうとする者は、更新の登録を受けなければならない。更新の登録を受けようとする者は、登録の有効期間満了の日の90日前から30日前までの間に、登録申請書を提出しなければならない。

2 欠格事由

⑥マンション管理業に関し成年者と同一の行為能力を有しない未成年者で、その法定代理人が禁錮以上の刑に処せられ、その執行を終わりまたは執行を受けることがなくなった日から2年を経過しないものは、管理業者の登録を受けることができない。

⑦法人である管理業者の役員が破産手続開始の決定を受けて復権を得ない場合、当該法人は登録を受けることができない。

DATE & RECORD

学習日	月　日	月　日	月　日	月　日
正答数	／5	／5	／5	／5

過去問＋予想問！ 目標4分で答えよう

❑❑❑ マンション管理業を営もうとする者は、国土交通省に備えるマンション管理業者登録簿に登録を受けなければならない。登録は消除されない限り有効である。［予想問］ ☞②答×

❑❑❑ 直前1年の各事業年度の貸借対照表に計上された資産の総額から負債の総額に相当する金額を控除した額が100万円である法人は、マンション管理業者の登録を受けることができない。［H18-48-4］ ☞③答〇

❑❑❑ 有効期間の満了後引き続きマンション管理業を営もうとする者は、更新の登録を受けなければならない。更新の登録を受けようとする者は、登録の有効期間満了の日の2週間前までに登録申請書を提出しなければならない。［予想問］ ☞⑤答×

❑❑❑ マンション管理業に関し成年者と同一の行為能力を有しない未成年者で、その法定代理人が、禁錮以上の刑に処せられ、その執行を終わり、または執行を受けることがなくなった日から2年を経過しないものは、マンション管理業者の登録を受けることができない。［H18-48-1］ ☞⑥答〇

❑❑❑ マンション管理業を営もうとする者は、その役員のうちに、破産手続開始の決定を受けた後、復権を得てから2年を経過しない者がいる場合には、マンション管理業の登録を受けることができない。［R2-49-3］ ☞⑦答×

5 マンション管理業者(2)

必ず出る！基礎知識 目標6分で覚えよう

1 業務に関する規制

①マンション管理業者は、その事務所ごとに、公衆の見やすい場所に、国土交通省令で定める標識を掲げなければならない。

②マンション管理業者は、管理組合から委託を受けた管理事務のうち、基幹事務については、一括して他人に委託してはならない。基幹事務であっても、一部の再委託であれば可能である。

③基幹事務ではない清掃業務・警備業務等は、一括で再委託することができる。

④マンション管理業者は、管理受託契約を締結したつど帳簿に一定事項を記載し、その事務所ごとに、その業務に関する帳簿を備えなければならない。

⑤マンション管理業者は、帳簿を各事業年度の末日をもって閉鎖するものとし、閉鎖後５年間、当該帳簿を保存しなければならない。

2 変更時の届出

⑥管理業者が法人である場合、事務所の名称・所在地・役員の氏名等に変更があったときは、その日から30日以内に、管理業者はその旨を国土交通大臣に届け出なければならない。

⑦管理業者は、事務所ごとに置かれる成年者である専任の管理業務主任者の氏名に変更があったときは、30日以内に、その旨を国土交通大臣に届け出なければならない。

DATE & RECORD

学習日	月　日	月　日	月　日	月　日
正答数	／5	／5	／5	／5

過去問＋予想問！ 目標 4 分で答えよう

❑❑❑ マンション管理業者は、管理組合から委託を受けた管理事務のうち基幹事務については、当該管理組合の管理者等が承諾すれば、これを一括して他人に委託することができる。［R4-48- ウ］ ☞②答×

❑❑❑ マンション管理業者は、管理組合から委託を受けた管理事務について、管理受託契約を締結した年月日や管理組合の名称等を記載した帳簿を作成し、また、当該帳簿を各事業年度の末日をもって閉鎖するものとし、閉鎖後 5 年間当該帳簿を保存しなければならない。［R4-48- イ］ ☞⑤答○

❑❑❑ マンション管理業者が法人である場合において、その役員の氏名に変更があったときは、その日から 30 日以内に、当該マンション管理業者は、その旨を国土交通大臣に届け出なければならない。［H18-48-3］ ☞⑥答○

❑❑❑ マンション管理業者が、国土交通大臣に登録している事務所の所在地を変更したので、変更のあった日の 21 日後に、その旨を届け出たことは、マンション管理適正化法の規定に違反する。［H21-49-1］ ☞⑥答×

❑❑❑ 管理業者は、事務所ごとに置かれる成年者である専任の管理業務主任者の氏名に変更があったときは、遅滞なく、その旨を国土交通大臣に届け出なければならない。［予想問］ ☞⑦答×

6 マンション管理業者(3)

必ず出る！基礎知識 目標6分で覚えよう

1 財産の分別管理

①収納口座とは、マンションの区分所有者等から徴収された修繕積立金等金銭または管理費用を預入れし、一時的に預貯金として管理するための口座をいう。収納口座については、管理業者も名義人となることができる。

②保管口座とは、マンションの区分所有者等から徴収された修繕積立金を預入れし、または修繕積立金等金銭もしくは管理費用の残額を収納口座から移し換え、これらを預貯金として管理するための口座であって、管理組合等を名義人とするものをいう。

③収納・保管口座とは、マンションの区分所有者等から徴収された修繕積立金等金銭を預入れし、預貯金として管理するための口座であって、管理組合等を名義人とするものをいう。

④収納口座については、管理業者が管理組合等の印鑑や預貯金の引出用のカード等を管理することができる。

⑤保管口座、収納・保管口座については、管理業者が管理組合等の印鑑や預貯金の引出用のカード等を管理することはできない。ただし、管理組合に管理者等が置かれていない場合において、管理者等が選任されるまでの比較的短い期間に限り保管することは、例外的に認められる。

DATE & RECORD

学習日	月　日	月　日	月　日	月　日
正答数	／4	／4	／4	／4

過去問＋予想問！ 目標4分で答えよう

❑❑❑ 収納口座とは、マンションの区分所有者等から徴収された修繕積立金等金銭またはマンション管理適正化法施行規則第87条第1項に規定する財産を預入し、一時的に預貯金として管理するための口座であって、マンション管理業者を名義人とすることもできるものをいう。[H30-49-1] ☞①答○

❑❑❑ 収納・保管口座とは、マンションの区分所有者等から徴収された修繕積立金等金銭を預入し、預貯金として管理するための口座であって、マンション管理業者を名義人とするものをいう。[H24-48-1] ☞③答×

❑❑❑ 収納口座については、管理業者が管理組合等の印鑑や預貯金の引出用のカード等を管理することができる。[予想問] ☞④答○

❑❑❑ マンション管理業者Aは、管理組合Bに対する修繕積立金等金銭の返還債務について保証契約を締結した上で、Bから修繕積立金等の管理を委託されている。Aは、Bの管理者等が選任されるまでの比較的短い期間、修繕積立金等金銭を管理するため、Bの預貯金通帳と当該預貯金通帳に係る印鑑を同時に保管したことは、マンション管理適正化法の規定に違反する。[H15-50-ア] ☞⑤答×

7 マンション管理業者(4)

必ず出る！基礎知識 目標6分で覚えよう

1 保証契約

①管理業者は、イ方式またはロ方式で修繕積立金等金銭を管理する場合、1か月分の修繕積立金等金銭または管理費用に充当する金銭の合計額以上の額につき、原則として、有効な保証契約を締結していなければならない。

2 会計書面の交付

②管理者等が置かれている場合、マンション管理業者は、毎月、管理事務の委託を受けた管理組合のその月（対象月）における会計の収入及び支出の状況に関する書面（5項書面）を作成し、翌月末日までに、その書面を当該管理組合の管理者等に交付しなければならない。

③管理者等が置かれていない場合、書面の交付に代えて、対象月の属する管理組合の事業年度の終了の日から2か月を経過する日までの間、その書面をその事務所ごとに備え置き、管理組合を構成するマンションの区分所有者等の求めに応じ、マンション管理業者の業務時間内において、これを閲覧させなければならない。

3 書類の閲覧

④マンション管理業者は、マンション管理業者の業務及び財産の状況を記載した書類を事業年度経過後3か月以内に作成して、遅滞なくその事務所ごとに備え置き、その日から起算して3年を経過する日までの間、その事務所の営業時間中、その業務に係る関係者の求めに応じ、これを閲覧させなければならない。

DATE & RECORD

学習日	月　日	月　日	月　日	月　日
正答数	／3	／3	／3	／3

過去問＋予想問！ 目標4分で答えよう

❑❑❑ マンション管理業者は、規則第87条第2項第1号イに定める方法により修繕積立金等金銭を管理する場合において、マンション管理業者から委託を受けた者がマンションの区分所有者等から修繕積立金等金銭を徴収するときは、マンションの区分所有者等から徴収される1か月分の修繕積立金等金銭の合計額以上の額につき、有効な保証契約を締結していなければならない。[H30-49-4]

☞①答○

❑❑❑ マンション管理業者は、管理事務の委託を受けた管理組合に管理者等が置かれていないときは、毎月、管理事務の委託を受けた当該管理組合のその月における会計の収入及び支出の状況に関する書面を作成し、翌月末日までに、当該書面を当該管理組合の区分所有者等に交付しなければならない。[R2-48-イ]

☞②③答×

❑❑❑ マンション管理業者は、当該マンション管理業者の業務状況調書、貸借対照表及び損益計算書またはこれらに代わる書面をその事務所ごとに備え置き、その備え置かれた日から起算して3年を経過する日までの間、当該事務所の営業時間中、その業務に係る関係者の求めに応じ、これを閲覧させなければならない。[H27-50-3]

☞④答○

8編 マンション管理業者(4)

8 マンション管理業者⑸

必ず出る！基礎知識　目標6分で覚えよう

1 説明会

①管理業者が重要事項の説明会を開催するときは、説明会の1週間前までにマンションの区分所有者等及び管理組合の管理者等の全員に対し、重要事項説明書面を交付するとともに、説明会の日時及び場所について、見やすい場所に掲示しなければならない。

②管理業者は、新たに建設されたマンションの当該建設工事完了の日から1年を経過する日までの間に契約期間が満了する管理受託契約を締結しようとするときは、あらかじめ重要事項について説明する必要はない。

2 管理受託契約の更新

③従前と同一の条件で管理受託契約を更新する場合、管理業者は、区分所有者等に対し、書面を交付する必要があるが、説明会を開催したり、重要事項説明を行ったりする必要はない。ただし、管理組合に管理者等がいるときは、その者に対して重要事項説明をする必要がある。

④従前と同一の条件で管理受託契約を更新する場合、管理組合に管理者等がいないときは、管理業者は、書面交付は必要だが、説明会の開催や重要事項説明は必要ない。

⑤従前と内容を変更して管理受託契約を更新する場合、区分所有者等と管理者等に、説明会の1週間前までに書面を交付し、区分所有者等と管理者等に対して説明会を開催して説明することが必要である。

DATE & RECORD

学習日	月　日	月　日	月　日	月　日
正答数	／3	／3	／3	／3

過去問＋予想問！ 目標 4 分で答えよう

❑❑❑ 管理業者は、重要事項の説明会を行うときは、説明会の前日までに重要事項並びに説明会の日時及び場所を記載した書面をマンションの区分所有者等及び当該管理組合の管理者等の全員に対し交付するとともに、説明会の日時及び場所を記載した書面を見やすい場所に掲示しなければならない。[H13-48-1]

☞①答×

❑❑❑ マンション管理業者は、管理者の置かれた管理組合と従前の管理受託契約と同一の条件で管理受託契約を更新しようとするときは、当該管理者に対し、管理業務主任者をして、重要事項について、これを記載した書面を交付して説明すれば足り、区分所有者等全員に対し、交付する必要はない。[H23-47-1]

☞③答×

❑❑❑ 管理者等が置かれていない管理組合との管理受託契約を従前と同一の条件で更新するに当たって、マンション管理業者は、あらかじめ、マンションの区分所有者等全員に対し、重要事項を記載した書面を交付したが、説明会における管理業務主任者からの説明を行わなかったことは、マンション管理適正化法の規定に違反しない。[H17-48-2]

☞④答○

マンション管理業者(6)

必ず出る！基礎知識　目標6分で覚えよう

1 重要事項説明

①管理業務主任者は、重要事項を記載した書面の説明をする場合、説明の相手方に対し、相手方から請求がなくても、管理業務主任者証を提示しなければならない。

②重要事項説明書に記名をすべきこととされている管理業務主任者とは、原則として、重要事項について十分に調査検討し、それらの事項が真実に合致し、誤り及び記載漏れがないかどうか等を確認した者であって、実際に当該重要事項説明書をもって重要事項説明を行う者である。専任である必要はない。

2 管理事務報告書

③管理業者は、管理事務の委託を受けた管理組合に管理者等が置かれていない場合、管理組合の事業年度終了後、遅滞なく、管理事務報告書を作成し、説明会を開催し、管理業務主任者に当該報告書を区分所有者等に交付させて説明させなければならない。

3 処　分

④管理業者が、マンション管理業に関し、不正または著しく不当な行為をしたときは、国土交通大臣は、当該管理業者に対し、1年以内の期間を定めて、その業務の全部または一部の停止を命ずることができる。

⑤管理業者の登録が効力を失った場合でも、当該管理業者であった者は、管理業者の管理組合からの委託に係る管理事務を結了する目的の範囲内においては、なお管理業者とみなされる。

DATE & RECORD

学習日	月　日	月　日	月　日	月　日
正答数	／4	／4	／4	／4

過去問+予想問! 目標 4 分で答えよう

❑❑❑ マンション管理業者は、マンション管理適正化法第73条の規定により、同条第１項各号に定める事項を記載した書面を作成するときは、専任の管理業務主任者をして、当該書面に記名させなければならない。[H27-47-1 改] ☞②答×

❑❑❑ 管理事務の委託を受けた管理組合に管理者等が置かれていないときは、マンション管理業者は、当該管理組合の事業年度終了後、遅滞なく、管理事務報告書を作成し、説明会を開催すれば、当該報告書を区分所有者等に交付する必要はない。[H23-50-4] ☞③答×

❑❑❑ マンション管理業者が、マンション管理業に関し、不正または著しく不当な行為をしたときは，国土交通大臣は、当該マンション管理業者に対し、２年以内の期間を定めて、その業務の全部または一部の停止を命ずることができる。[H25-50-イ] ☞④答×

❑❑❑ マンション管理業者Ａは、管理組合Ｂとの管理委託契約の有効期間中に、マンション管理業を廃止し、その旨を国土交通大臣に届け出たが、Ｂとの管理委託契約の期間が満了する日まで、当該管理委託に係る管理事務を結了する目的の範囲内における業務を行ったことは、マンション管理適正化法の規定に違反する。[H28-47-1] ☞⑤答×

8編 マンション管理業者(6)

●著者紹介●
友次　正浩（ともつぐ・まさひろ）
昭和53年3月31日、東京都中野区に生まれる。國學院大學文学部日本文学科卒業。同大学大学院文学研究科前期修了。大学受験予備校国語科講師となり、複数の大学受験予備校に登壇した。
宅地建物取引士試験に合格後、LEC東京リーガルマインドにて宅建講師となる。その後、管理業務主任者試験・マンション管理士試験にも合格。
現在は、宅建講師のほか、「ともつぐ塾」にて、管理業務主任者試験・マンション管理士試験対策の講座を開講している。また、ブログ・Twitter・YouTubeなどでも情報発信をしている。

本書において「過去問」として表示した問題は、編集部及び著者の責任において本試験問題を選択肢単位に分解し、○×問題として再構成したものです。

また、問題ごとに表示した出題年度・問題番号は、本書掲載問題のベースとなった本試験問題のものを参考として記したものです。

以下のブログにて、著者が各種資格試験に関する情報等を掲載しています。

https://ameblo.jp/tomotsugu331/

装丁　やぶはな あきお

ケータイ管理業務主任者 2024　学習初日から試験当日まで

2024年3月29日　第1刷発行

著　者　友　次　正　浩
発行者　株式会社　三　省　堂
代表者　瀧本多加志
印刷者　大日本法令印刷株式会社
発行所　株式会社　三　省　堂
〒102-8371　東京都千代田区麴町五丁目7番地2
電　話　(03) 3230-9411
https://www.sanseido.co.jp/

<24 ケータイ管理業務主任者・256pp.>

落丁本・乱丁本はお取り替えいたします。
本書の内容に関するお問い合わせは、弊社ホームページの「お問い合わせ」フォーム（https://www.sanseido.co.jp/support/）にて承ります。

ISBN978-4-385-32548-4